TERENCE CONRAN

...cómodo

en casa

EDITORIAL LA ISLA

Con el deseo de que tengáis una vida confortable y placentera:

a Sebastian, Jasper, Tom, Sophie y Ned; Sam, Max, Finbar, Felix y Coco; Max, Toby y Harriet.

Espero que vosotros (y todos los demás lectores) leáis el texto además de mirar las fotografías.

LA ISLA

Título original:
Easy Living

Traducción:
Ana María Gutiérrez Manuel

Revisión técnica de la edición en lengua española:
Judith Sala Gamero
Interiorista.
Estilista en telas

Coordinación de la edición en lengua española:
Cristina Rodríguez Fischer

Primera edición argentina 1999

contenido

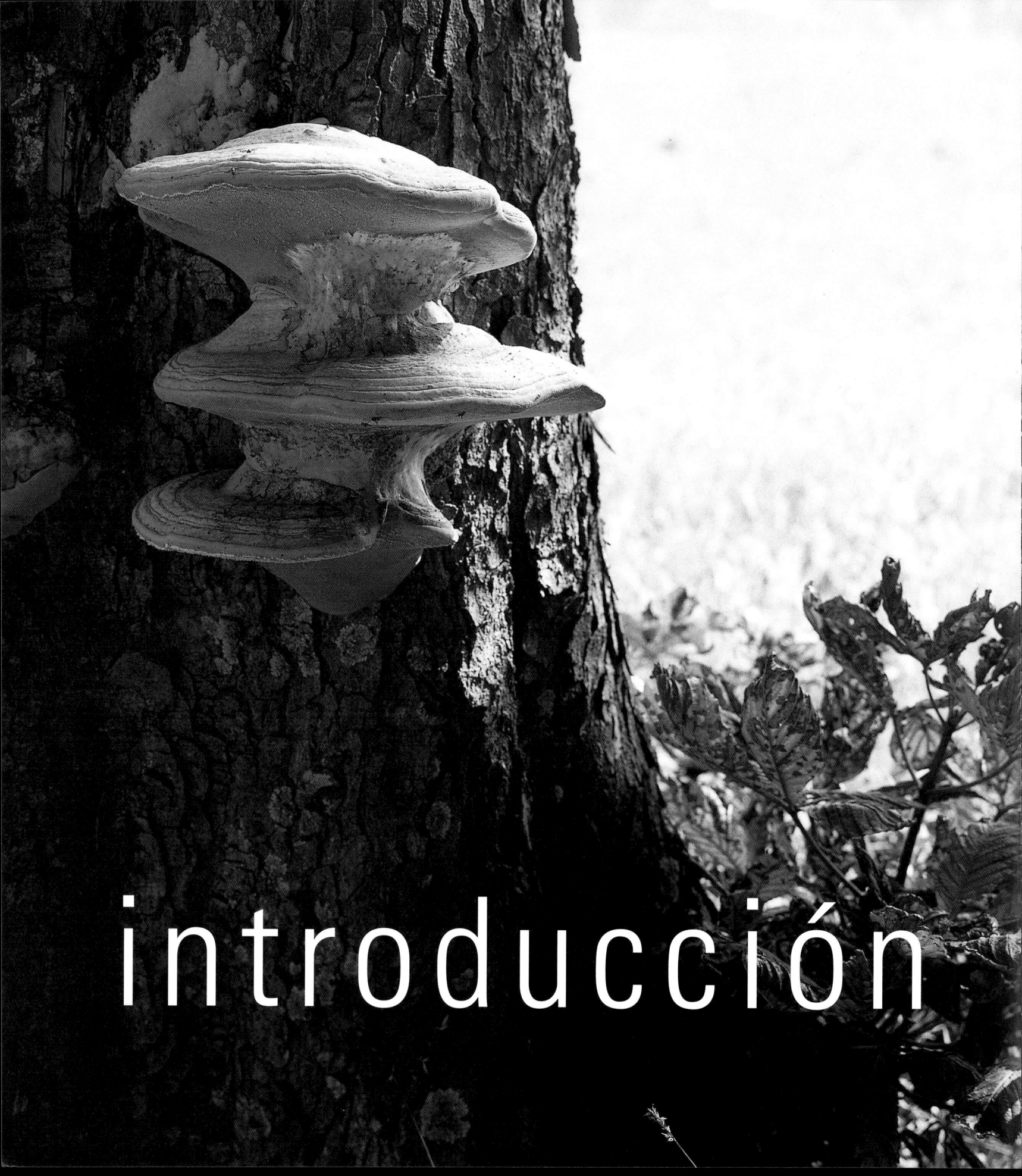

introducción

Siempre que me piden consejo acerca del diseño de un espacio interior tengo la sospecha de que lo que esperan de mí es una serie de normas de estilo, una fórmula infalible que se pueda aplicar en cualquier circunstancia, garantizando en todo momento unos resultados «perfectos», o, como mínimo, una lista de mis colores y productos favoritos para seguirla al pie de la letra.

En cambio, mi respuesta más habitual es que lo primero que hay que hacer es amontonar todo lo que uno posee delante de la puerta de entrada y, acto seguido, examinar detenidamente la cáscara vacía que ha quedado. Cuando este armazón nos satisface, es decir, cuando los espacios, la iluminación, los servicios, las superficies y los acabados son correctos, entonces, y sólo entonces, podemos decidir cuáles de nuestras pertenencias pasarán a formar parte del interior. Hay que conservar únicamente aquellos objetos que contribuyan de forma positiva a nuestras vidas, ya sea desde el punto de vista estético, sentimental o práctico.

Naturalmente, no le estoy sugiriendo en serio que invada su jardín con un montón de trastos destinados al basurero o el trapero, tan sólo estoy bromeando. Detrás de esta estrategia difícil de poner en práctica se esconde una actitud básica que creo que es muy importante.

El lugar donde vivimos debe funcionar perfectamente desde el tejado hasta los cimientos. Ello significa tomar como punto de partida el lugar donde nos encontramos y lo que somos, y no aplicar varios criterios arbitrarios concebidos por otra persona. Sólo así tendremos una casa que se ajuste a nuestra forma de ser.

A medida que la vida moderna se hace cada vez más compleja y frenética, nuestras casas deben asumir el papel de antídoto contra el estrés y la tensión, de lugar donde relajarse, esparcirse y ser uno mismo: básicamente, deben convertirse en espacios para una vida cómoda. Esta función no es en absoluto nueva: desde el inicio de la industrialización, el hogar ha sido un refugio, un contrapunto necesario para el mundo del trabajo. Sin embargo, lo que ha cambiado es que la necesidad de espacio, vida privada y comodidad cada vez es más acuciante.

Con todo, llevar una vida confortable no significa sumirse en un estado de estupor fútil. Las ansias de encerrarse en un capullo son una reacción a la complejidad y los inconvenientes de la vida cotidiana, pero, a fin de cuentas, se trata de una postura defensiva, cuando no negativa. En cambio, cuando utilizo la palabra «confortable» me refiero a la comodidad física de la simplicidad, un lugar donde es posible llevar a cabo tareas prácticas sin frustraciones, molestias ni desorden y donde hay suficiente luz y espacio para moverse. En gran parte, aunque no exclusivamente, es una cuestión de saber acertar con el armazón básico. Pero, al mismo tiempo, «confortable» también implica la libertad psicológica de atravesar el dintel de la puerta de entrada y experimentar la sensación de quitarse los zapatos aunque tan sólo sea mentalmente. Esto ocurre cuando su hogar dispone de espacio para la expresión de uno mismo y el placer, cuando la siente suya y de nadie más y cuando le permite permanecer en contacto con aquello que le hace disfrutar.

Cuando se trata de vivir confortablemente, las reglas tan sólo sirven para adulterar el resultado final. En vista del bombardeo de recomendaciones a que estamos sometidos y la abrumadora variedad de ofertas del mundo consumista, para decidir lo que uno quiere y le gusta no hace falta aprender nada nuevo sino más bien volver a aprender lo que ya sabemos. Es una cuestión de reconocimiento. Basta con concentrarse en aquellos placeres sencillos que hacen que la vida merezca la pena, a pesar de que rara vez destacan en la historia personal de cada uno, para obtener la dirección deseada. Sonidos, olores y otros detonantes menos tangibles ayudan a hacer memoria e identificar las cosas que nos hacen sentir bien. Inevitablemente, muchos de estos elementos son placeres comunes a todos nosotros, pero no por ello menos importantes. Otros son más individuales y están relacionados con una experiencia o acontecimiento concretos con un significado personal.

En un programa de radio de la BBC de 1950, Vita Sackville-West identificó toda una serie de placeres insignificantes y esencialmente

Las experiencias de las vacaciones, como caminar descalzo sobre la arena, percibir el sabor salado de la fresca brisa del mar o acampar en plena naturaleza, nos recuerdan que hay placeres muy simples.

domésticos que todo el mundo experimenta de vez en cuando pero a los que apenas presta atención. En el lenguaje familiar que daba nombre a la retransmisión radiofónica, estos breves momentos de satisfacción se denominaban colectivamente «a través de las hojas», por el «pequeño pero intenso placer de caminar entre hojas secas y darles patadas mientras se avanza». Algunos de los placeres «a través de las hojas» consistían en pasar un palo a lo largo de una barandilla de hierro o mascar hielo, recordar súbitamente una palabra o nombre que se creían olvidados o escribir con la plumilla de la pluma perfecta, tirar de una cortina dejándola correr libremente sobre la barra, abrir el cajón de un archivador metálico dejando que se deslizara «suavemente» sobre cojinetes de bolas, cortar las páginas de un libro con una cuchilla de papel bien afilada, sacar un tapón de corcho con un buen sacacorchos, beber cuando se tiene sed, sentir la arena entre los dedos de los pies a orillas del mar, leer en la cama (el «momento perfecto» que se prolonga mientras uno puede permanecer despierto), hundirse en las butacas del cine, y tantos otros. Vita concluyó su charla sugiriendo a sus oyentes que confeccionaran su propia lista de placeres y añadieran aquellos que ella había olvidado o pasado por alto.

Es un ejercicio divertido y muy revelador, puesto que demuestra que no es imprescindible buscar demasiado para hallar aquello que nos hace disfrutar, ya que a menudo se encuentra justo delante de nuestras narices y, en muchos casos, en sentido estrictamente literal. Un olor puede ser uno de los estímulos más evocadores para nuestra memoria y hacernos pensar en habitaciones, hechos´ o épocas que creíamos olvidados desde hacía tiempo. El sano olor a pan horneándose, el aroma intenso a café recién hecho o el perfume de las rosas o los lirios atraen prácticamente a todo el mundo, hasta tal punto que los vendedores suelen recurrir estratégicamente a tales fragancias para despertar el deseo de sus clientes potenciales. Lo que suscita en mí esa sensación de bienestar son el olor a tierra mojada cuando llueve o un invernadero cargado de humedad, el humo de un puro, la ropa limpia secada al sol o el acre aroma a tomillo en el aire cálido y seco del Mediterráneo.

Las experiencias agradables no siempre pueden dividirse en categorías estrictas de sensaciones. Al igual que los momentos «a través de las hojas» de Vita Sackville-West, aquéllas se distribuyen en instantes de placer en los que el tacto, el oído, el olfato y la vista se conjugan para conseguir el mismo efecto emocional: como cuando descubrimos al despertar que ha nevado durante la noche, vamos de compras a un mercadillo al aire libre, nos ponemos una camisa recién planchada o de repente vislumbramos el mar. Hace poco estuve en una cafetería en Australia que me inundó de un sentimiento de inmensa alegría, aunque la causa fuera de lo más sencilla. Había una gran mesa cuadrada y varias personas sentadas en torno suyo bebiendo café y leyendo el periódico, y, en el centro de la mesa, se encontraba un gran cuenco lleno de limones con las hojas todavía en el tallo. No podía ha-

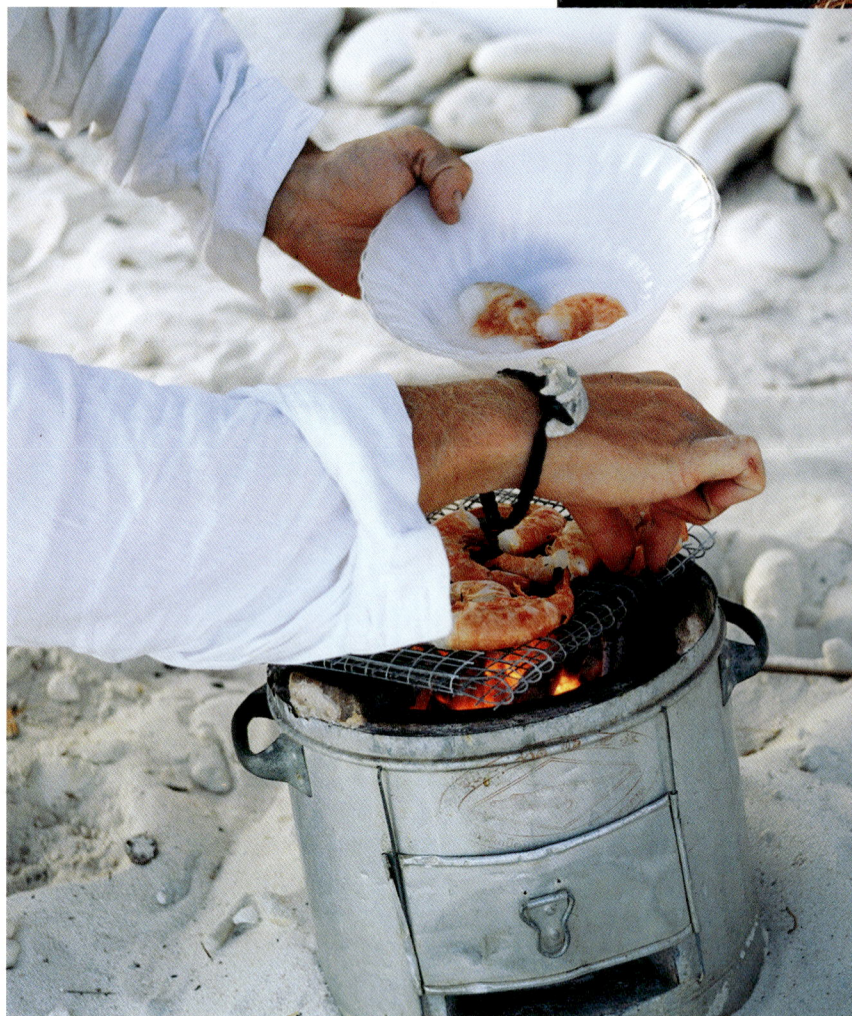

Nada tiene un sabor ni un olor más apetitoso que los productos frescos preparados sin complicaciones y en poco tiempo al aire libre. Uno de los placeres de estar de vacaciones es la oportunidad de disfrutar de estas comidas tan sencillas en plena naturaleza. Siempre que el tiempo lo permita, es bastante fácil gozar de estas experiencias en casa.

ber nada más sencillo o que invitara más a la cordialidad. Entraban ganas de sentarse a la mesa y unirse a los demás. Asimismo, la presencia de una mesa alargada cubierta con un mantel blanco en el exterior de la casa puede crear una atmósfera de hospitalidad y fiesta antes de servir ni siquiera la comida, mientras que una chimenea crepitante (vista, olfato, oído y calor concentrados en un mismo lugar) evoca instantáneamente una sensación de seguridad, confort y nostalgia.

Si nos paramos a pensar, la vida confortable es aquélla que la mayoría desea para sus vacaciones. Una o dos veces al año, gastamos nuestro dinero en busca de buen tiempo, buena comida y paisajes hermosos con la esperanza de escapar de todo aquello que complica y dificulta nuestra existencia. Dos semanas más tarde regresamos a casa, y el espíritu de las vacaciones desaparece con la misma rapidez que el bronceado. Pero las cosas no tienen por qué ser así.

La luz intensa de los países cálidos hace vibrar de forma especial los colores. Los múltiples matices de azul evocador del Mediterráneo y los tonos más cálidos y picantes de Asia y Latinoamérica parecen más intensos y saturados que bajo los grisáceos cielos septentrionales. O tal vez sea una cuestión de detenerse a mirar: cuando el estado de ánimo es el adecuado, los colores hacen resaltar los detalles por insignificantes que puedan parecer a primera vista.

El dividir la vida en categorías, de modo que el contacto con los placeres sencillos deba adecuarse a una pauta concreta, es la esencia de la alienación moderna. El mejor recuerdo que podemos traer de unas vacaciones es el deseo de que la vida cotidiana esté más en consonancia con lo que nos hace disfrutar realmente.

Unas buenas vacaciones no dependen necesariamente de un destino exótico y un hotel de lujo, por muy placenteros que éstos puedan ser. Mucha gente opta por pasar sus vacaciones en unas circunstancias mucho más sencillas que las de su propia casa. La acampada en aldeas o pueblos junto al mar o en la montaña, únicamente con aquellos enseres personales que caben en una maleta o una mochila, arreglándose con medios rudimentarios, comprando en mercados y lonjas locales y pasándose días y días sin leer el periódico, ver la televisión o atender el teléfono puede ser algo maravilloso. Tomar el sol, nadar en el mar, dar saludables paseos al aire libre e, incluso, bajo la lluvia, sustituyen a la rutina diaria consistente en ir al trabajo en un tren atestado, sentarse frente al ordenador o quedar atrapado en un atasco. Para aquellas personas que eligen este tipo de vacaciones, el dinero no es en absoluto el factor más importante.

Para llevar una vida confortable hay que buscar los medios para experimentar las cosas directamente, sin la intervención distanciadora de la tecnología o la carga de demasiadas posesiones. Se trata de una lección saludable en un mundo en el que se espera que las máquinas sean la panacea que cura todos los males, proporcionando comodidad con tan sólo pulsar un botón, y en el que la adquisición de cada vez más bienes materiales se ha convertido en una meta en sí misma. La confortable vida de las vacaciones, que nos permite descubrir que somos perfectamente capaces de arreglárnoslas sin la novena parte de todo lo que tenemos en casa, nos ayuda a recordar que las máquinas se estropean, que es necesario mantenerlas y repararlas, y que hay que ordenar, guardar y cuidar de todo lo que poseemos. Cuando la oferta es demasiado amplia, nos sentimos abrumados por toda una serie de nimiedades que ocultan las verdaderas ventajas de la funcionalidad y la belleza.

Las vacaciones también ofrecen espacio para respirar y pensar, ambas cosas esenciales. Durante mis últimas vacaciones leí el libro *How Proust Can Change Your Life* («Cómo Proust puede cambiar su vida») de Alain de Botton. En él, el autor describe cómo Proust animó a un joven descontento, frustrado por sus sueños de lujosa suntuosidad, a que admirara los bodegones de Chardin. Proust creía que, al estudiar los objetos cotidianos representados en estos cuadros («fuentes de fru-

Cuando estamos de vacaciones es el momento de prestar atención a elementos poco tangibles como la calidad de la luz. La luz grisácea y brumosa de una playa septentrional realza la sensación de distancia y la amplitud de un paisaje marino. En cambio, las escenas invernales en las que la nieve o el hielo reflejan la luz hacia arriba tienen una calidad marcada y gráfica que acentúa las formas.

En los climas húmedos y tropicales, la vida al aire libre encuentra plena justificación. El amplio porche con columnas y el espacio con sillas situado entre las palmeras de esta casa del sur de Sri Lanka (derecha), propiedad de un artista americano, están en perfecta consonancia con su entorno.

El enlucido burdamente pintado, la terracota y un
cuenco con fruta exaltan el color y la textura.

tas, jarrones, cafeteras, barras de pan, cuchillos, copas de vino, tajadas de carne»), el joven muchacho se daría cuenta de que ya estaba rodeado de belleza. En las pinturas de Chardin, esta belleza se manifestaba en armonía con los objetos, por ejemplo, a través de «la relación de práctica amistad entre los colores rojizos de una alfombra, una caja para guardar las agujas y un ovillo de lana». Pero también resultaba evidente en la sensualidad de la experiencia visual que pueden transmitir los grandes pintores, como «el juego de luces en el filo de una cuchara, la fibrosa suavidad de un mantel y la piel aterciopelada de un melocotón». Proust le demostraba lo feliz y satisfecho que uno se puede sentir cuando aprende a mirar con otros ojos lo que le rodea.

Sin embargo, no quiero hacerle creer que una vida confortable es necesariamente barata. También hay que pagar un precio en tiempo y trabajo. Los materiales de buena calidad que envejecen bien, los diseños con vistas al futuro y la sutileza de los detalles suelen precisar dinero y esfuerzo. Pero, a la larga, ocurre lo mismo con los productos de mala calidad, que se rompen o se desgastan en seguida y deben ser reemplazados. Además, el ser un esclavo de la imagen comercial del momento puede resultar igual de caro y costoso, si no más. La alternativa de tomar decisiones por exclusión, esquivar los problemas en lugar de resolverlos, adoptar soluciones mediocres porque son más baratas y adquirir al azar una serie de productos y muebles que no transmiten nada y significan todavía menos a menudo se traduce en un hogar que no funciona bien y en el que no se está a gusto.

Siempre he creído que uno de los mayores cumplidos que le pueden hacer a uno cuando visitan su casa consiste en sentarse y quitarse la chaqueta espontáneamente, en que el visitante se sienta tan relajado en su ambiente como usted mismo. Pero, ¿cómo conseguirlo? Para mí, la vida confortable es la consecuencia natural de un buen diseño. Esta sensación de comodidad no es fortuita, a pesar de que puede haber algún componente de casualidad. Por el contrario, el confort, la simplicidad, el placer y la funcionalidad sólo pueden ser el resultado de una elección acertada y una puesta en práctica creativa.

La oferta nunca había sido tan amplia en lo que se refiere al diseño doméstico. Sin embargo, ésta carece de sentido si no se posee un conocimiento más profundo de cómo y por qué funcionan los distintos elementos. El proceso de diseño en sí puede definirse como una sucesión de elecciones que, al contrario de lo que se suele pensar, no se basan exclusivamente en la moda sino que dependen de la continua revisión de determinados parámetros y la valoración de las posibilidades. Detrás de la superficialidad del estilo se encuentran los factores que más importancia tienen: la integridad de los materiales, los refinamientos de construcción o fabricación, el ingenio y la imaginación.

Para mí, el lugar donde vivimos es fundamental para nuestro bienestar. Este tipo de reflexiones son demasiado importantes para quedar limitadas a un breve período de vacaciones y relegadas al olvido el resto del año. Las cosas que funcionan bien, son hermosas, evocan recuerdos y expresan nuestra personalidad aportan calidad a nuestra vida cotidiana.

elementos

El hogar es tanto un concepto emocional como una estructura física y funcional: se compone tanto de ladrillos y mortero, cañerías e instalaciones eléctricas como de confort, seguridad y bienestar. Sin embargo, para sentirse así se necesita algo tangible. La creación de un contexto psicológico esencial para disfrutar de la vida cotidiana a menudo implica la consecución de una estructura física en consonancia. Esto significa que hay que pensar en el hogar de un modo básico y elemental. La interacción del espacio, la luz, el color, la textura y la calidad de los materiales va más allá del nivel práctico.

Nosotros no percibimos estos elementos de forma completamente aislada. El espacio y la luz, el color y la textura, están entrelazados y entretejidos intrínsecamente. Con todo, cada elemento ejerce su propia influencia sobre el cuadro final, lo que resulta evidente cuando se hace algún cambio. La mejora de la distribución de las luces, por ejemplo, puede transformar una habitación en la que uno se siente cansado o a disgusto sin ningún motivo aparente en un lugar lleno de vitalidad y calidez. A pesar de que el cambio puede llevarse a cabo a un nivel físico mediante accesorios eléctricos, lámparas y cables, el efecto es profundamente emocional.

Joseph Ettedgui, un innovador comerciante al pormenor y empresario del mundo de la moda, opina que la iluminación y el suelo son los dos elementos más importantes de la casa y que, si éstos funcionan, «todo lo demás será maravilloso». Siempre que decora una casa, invierte tanto dinero como le es posible en suelos de buena calidad, ya sean de piedra, parqué de madera o la moqueta más delicada. Ettedgui argumenta que «el suelo es una de las primeras cosas que se percibe al entrar en un lugar, y, de hecho, los pies son muy sensibles.»

El prestar atención a elementos básicos también puede significar hacer el esfuerzo de solucionar problemas fundamentales. A este respecto, el tiempo es tanto nuestro aliado como nuestro enemigo. Todos hemos experimentado alguna vez la extraña sensación de entrar en casa tras pasar algunos días fuera y ver los ambientes que solían resultarnos familiares bajo una luz nueva y no del todo exenta de crítica. Durante este breve instante de oportunidad, que dura tan sólo unos minutos, a menudo se hacen evidentes de repente los defectos que con el tiempo hemos aprendido a olvidar. Pero algunas deficiencias tardan un poco más en revelarse. Puede que haga falta vivir en una casa durante un tiempo considerable para descubrir cómo mejorarla y realizar diversos cambios en el estilo de vida antes de que sea apremiante reorganizarla por completo.

La reflexión sobre elementos básicos es una especie de proceso mental de reducción. Pero no tiene por qué comportar la contemplación enrarecida del minimalismo. Para los minimalistas convencidos, el espacio, la luz, el color y la textura no son meros elementos básicos, sino que son los únicos elementos que les importan. En los edificios diseñados para conseguir esta pureza y perfección, el enfoque es completamente abstracto. Los objetos, por ordinarios que sean, son excluidos o están ocultos. Y, paradójicamente, cuando hay algún objeto para ser utilizado, aunque sea poco atractivo, éste puede llegar a adquirir un significado que distrae la atención a falta de otra cosa hacia la que mirar. Realmente, el resultado puede transmitir una sensación de paz y tranquilidad similar al budismo zen, como sostienen sus entusiastas, pero a costa de vivir en un entorno que le dice constantemente lo que debe hacer. No puedo evitar el pensar que el minimalismo ofrece la tranquilidad forzosa de una camisa de fuerza y no la sensación de comodidad que asociaría de forma natural a estar «en casa».

En la imaginación de la gente, la palabra «mínimo» se ha convertido en algo así como un sinónimo de «moderno». No es de extrañar, ya que, desde luego, existen ciertos denominadores comunes. Si bien mucha gente puede considerar el minimalismo como una incómoda postura extrema, éste, al igual que los mejores exponentes de arquitectura moderna, revela la

belleza a menudo desconocida de lo cotidiano: el juego de la luz natural, la dinámica del espacio y las sutilezas de la forma y la textura. Es importante concentrarse en estos fundamentos, sobre todo porque los pasamos por alto con demasiada frecuencia. En el contexto del diseño del hogar, mucha gente se obsesiona con lo que está en un primer plano, cuando es posible que lo que hay detrás tenga mucho más que decir. Normalmente, no nos damos cuenta hasta más tarde, cuando nos preguntamos por qué hemos esperado tanto para hacer un cambio tan sencillo.

El minimalismo también ofrece otra visión interesante, que consiste en reconocer la irrelevancia de gran parte de lo que hay en nuestros hogares. Casi todo el mundo podría pasar con un poco menos de lo que tiene. Para poder eliminar lo que excede nuestras necesidades es importante adoptar una postura crítica. No se trata de quedarse con lo indispensable, a no ser que esté dispuesto a ello, sino de suprimir lo que es superfluo, ineficaz o, simplemente, ha dejado de ser útil o ha perdido su significado.

Existe una fina línea entre la claridad que ofrece el modernismo y la naturaleza tensa de la mayoría de interiores minimalistas. He observado que las personas que viven en este tipo de ambientes formales suelen desear marcharse de vacacio-

nes, seguramente en busca de algún lugar donde vivir con un poco más de comodidad. No es que la modernidad no pueda ser confortable, pero no lo es cuando tiene como consecuencia una tensión visual en la que los muebles, los accesorios y el espacio interior comparten la misma estética estrecha y angular. El minimalismo parece exigir un duro trabajo porque con frecuencia es así. En cambio, los mejores interiores modernos transmiten una sensación más bien de liberación que de constricción, dan alas a la imaginación y sitúan el carácter individual en el centro de la escena.

Probablemente, casi todo el mundo se imagina que la vida confortable se desarrolla en una casa vieja. Parecen relacionarla espontáneamente con suelos desgastados, habitaciones grandes, la luz del sol entrando a través de ventanas correderas y acabados robustos que denotan el paso del tiempo. Las casas viejas ofrecen el confort de la familiaridad y un sentimiento de unión con la naturaleza y la historia, algo que cada vez está más amenazado en otros ámbitos de la vida.

Las cuestiones espaciales que surgen al vivir en una casa con pasado son de diferente naturaleza que las que se presentan en un interior moderno. En el primer caso, el problema suele ser cómo conciliar el carácter arquitectónico con las necesidades de la vida actual. Las casas de época pueden despertar profundas emociones en las personas: ya sea el de-

seo de arrancar todos los elementos históricos y empezar de nuevo o, como suele ocurrir en nuestros días, de conservar o reproducir rigurosamente cada detalle, por pequeño que sea. Pero ninguno de estos enfoques es especialmente satisfactorio. El primero puede equivaler a vandalismo, y el segundo nos obliga a llevar una vida anacrónica. En este caso, el concentrarse en los elementos básicos puede contribuir a lograr un equilibrio entre una estructura antigua y un estilo de vida moderno.

Los edificios viven más que las personas y a menudo dejan de servir para su función original, lo que hace absurda una actitud excesivamente conservacionista. El servilismo hacia el pasado puede transformarse rápidamente en imitación, y durante el proceso se pierde aquello que es verdaderamente atemporal y atractivo. Los desvanes son un buen ejemplo de las ventajas de la transformación creativa, puesto que aportan nueva vida a estructuras perfectamente útiles (fábricas, escuelas, almacenes, etc.) que, de lo contrario, serían superfluas y regeneran zonas deterioradas del centro de las ciudades. En estos casos, la clave está en arriesgarse a combinar lo viejo con lo nuevo, uniendo el carácter profundo que se adquiere con el paso de los años al sentido de vitalidad que caracteriza al presente.

espacio

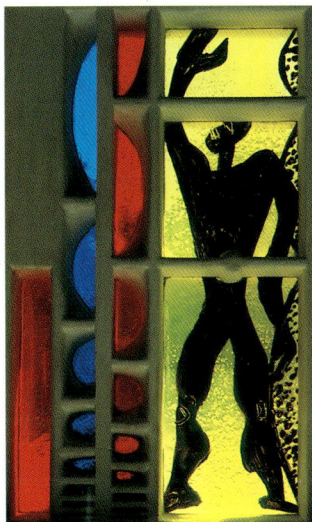

Aunque no seamos necesariamente conscientes de ello, poseemos un sentido de la proporción instintivo obtenido a partir del mundo natural. Mediante el modulor (superior)**, un sistema de escala basado en las dimensiones del cuerpo humano, Le Corbusier trató de crear un modelo armónico para el diseño. La extensión de una escalera y el elemento vertical de la columna** (izquierda) **tienen su réplica natural en los imponentes troncos de un claro de bosque** (derecha).

Para mucha gente, espacio significa «tener suficiente sitio» para guardar o hacer cosas o, simplemente, para respirar. Sin embargo, el valor de esta comodidad cada vez más preciosa no se puede medir exclusivamente en términos de cantidad. Lo que nos atrae hacia determinados espacios y no a otros guarda una mayor relación con las nociones abstractas de proporción, equilibrio y carácter individual que con el simple espacio hábil en metros cuadrados y centímetros. La calidad del espacio puede ser un concepto difícil de definir, pero desempeña un papel importantísimo a la hora de disfrutar de la vida.

Nuestras actitudes hacia el espacio interior se basan en el mundo natural. No es difícil relacionar los refugios rudimentarios (tiendas, chozas, tipis e iglúes) con las cuevas, arboledas, cavernas y otros lugares naturales de abrigo. Estas estructuras vernáculas no sólo suelen estar fabricadas de los materiales que hay más a mano, sino que su escala y proporción a menudo imitan, consciente o inconscientemente, la armonía natural.

Las referencias a la naturaleza pueden ser tanto literales como teóricas. Los templos griegos, por ejemplo, tienen columnas y dinteles de mármol labrado que evocan formas básicas de construcción en madera anteriores, mientras que los órdenes de arquitectura clásica se fundamentan en la «sección áurea», donde se pueden encontrar relaciones matemáticas en la forma espiral de las galaxias, las caracolas, las cabezuelas de las flores compuestas y las piñas. La «exactitud» intuitiva de estos anteproyectos de diseño se puede apreciar tanto si se entienden los cálculos o se posee algún conocimiento sobre los mismos como si no. Asimismo, el persistente atractivo de la simetría es consecuencia de su notable presencia en la naturaleza.

Existe una gran diferencia entre una cabaña y un edificio de apartamentos, pero incluso algunos arquitectos modernos, como Le Corbusier, han intentado basar sus diseños en un sistema de escala natural. El modulor de Le Corbusier toma la forma humana como referencia básica de dimensión con la intención de conferir una armonía universal al diseño. Le Corbusier lo expresó del modo siguiente: «la proporción es el medio para conseguir el lirismo arquitectónico». Puede que no analicemos de forma tan profunda todos los lugares que visitamos, pero sabemos cuándo lo percibimos: cuando la proporción y la disposición básicas del espacio hacen que nos sintamos a gusto.

Si bien la calidad espacial tiene mucho que ver con un sentido natural de las proporciones, confiere un equilibrio de experiencia emocional. Los espacios abiertos y cerrados, la seguridad y la emoción, la intimidad y el compañerismo son necesarios.

Al menos una parte de la popularidad de los desvanes y de los almacenes reformados se debe al hecho de que ofrecen la oportunidad de disfrutar del embriagador placer de vivir a gran escala, algo relativamente raro. Dado que la mayoría de edificios, ya sean nuevos o viejos, han sido diseñados siguiendo unos cánones espaciales más bien pobres, el hallarse en una enorme extensión abierta puede ofrecer posibilidades infinitas. Además, si se trata de un espacio el doble de alto de lo normal, hay que contar con la ventaja añadida de extender la vista hacia arriba, lo que provoca una sensación edificante que, habitualmente, tan sólo se experimenta en edificios públicos e iglesias. Este espacio tan voluminoso genera una sensación de libertad, al igual que el área total.

Los espacios abiertos suscitan un enfoque de la vida generoso e inclusivo. Cuando no existen barreras, las actividades pueden fluir entre sí, pasando de cocinar a comer y de comer a relajarse, sin la segregación formal que implican las habitaciones separadas. La planificación de muchas de las casas heredadas del siglo XIX encierran las distinciones sociales victorianas entre jóvenes y mayores, criados y señores, hombres y mujeres, unas divisiones que han dejado de ser oportunas o aceptables. Esta rígida segregación espacial también implica una jerarquía de actividades, desde las zonas dedicadas a los quehaceres domésticos hasta aquéllas pensadas para entregarse a la indolencia. En la actualidad, el cocinar puede ser un trabajo, pero un trabajo agradable, parte integrante de la vida cotidiana de toda la familia. Los espacios abiertos, tanto reformados de un edificio industrial como de una terraza victoriana, permiten que todo el mundo tenga una vida confortable.

Las estancias al aire libre restablecen el sentimiento de conexión con la naturaleza. La elemental simplicidad de la mesa de hormigón y los bancos armoniza perfectamente con el jardín (superior).

Sin embargo, como puede confirmar cualquiera que haya tratado de vivir en un único y vasto espacio, las personas también necesitan lugares pequeños y cerrados. En la reforma de un almacén, ello se puede conseguir mediante la partición de una zona en la que pueda cerrar la puerta y estar a solas. En otros contextos, estos recintos pueden ser todavía más pequeños: la alcoba, la cama nido, el asiento junto a una ventana o el rincón de la chimenea son modelos espaciales tradicionales con un atractivo irresistible. Tales elementos, independientes, compactos, seguros y privados, pueden no ser necesarios en el sentido estricto de la palabra, pero sí muy agradables.

Para que los espacios tengan vida, también debe existir un sentido de progresión. Ello depende en gran medida de las vistas y perspectivas que cambian al moverse de un nivel a otro. La escalera es uno de los elementos arquitectónicos potencialmente más dinámicos, pero existen otras formas de conseguir el mismo propósito.

Los balcones y las aberturas amplias, como las puertas de cristales, desdibujan los límites entre el exterior y el interior, semicerrado pero abierto a la luz y el aire.

Esta casa (inferior) **diseñada por Andrew Patterson y situada en una colina al oeste de Auckland, en Nueva Zelanda, cuenta con unos paneles de madera correderos que, al abrirse del todo, revelan el espectacular telón de fondo de un paisaje agreste.**

Los patios, los niveles intermedios, los tragaluces, las puertas o ventanas interiores de cristales, que permiten echar un vistazo de una habitación a otra, y otros vínculos visuales entre una parte de un espacio y otra o entre el interior y el exterior crean una inmensa sensación de vitalidad.

La valoración de la calidad espacial puede resultar una tarea difícil, sobre todo cuando se está tan acostumbrado al tipo de planificación doméstica estandarizada habitual de la mayoría de edificios occidentales. Esta dificultad es responsable, en parte, de la actual fascinación por el *feng shui*, la antigua disciplina china que prescribe toda clase de alineaciones y disposiciones espaciales correctas para garantizar una buena salud, felicidad y fortuna. Actualmente, el *feng shui* se ha convertido en un objeto de culto y es el tema principal de un sinfín de libros, revistas, artículos de periódicos y programas de televisión, además de dar trabajo a un buen número de asesores.

A pesar de que personalmente no me siento inclinado a suscribir la lógica mística que se esconde detrás de la práctica del *feng shui* (el apaciguamiento de buenos espíritus o energías y la protección del mal de ojo), sí que soy capaz de apreciar el modo en que estas normas encierran muchos siglos de observación acerca de la sensibilidad de los seres humanos hacia lo que les rodea. Por ejemplo, no estoy seguro de si podría vivir con el tintineo constante de un móvil de campanillas, pero reconozco que para que un móvil tintinee hace falta corriente de aire, y la corriente de aire que atraviesa una habitación,

en oposición a la atmósfera estática y estancada de una oficina con cristales dobles, es muy beneficiosa y agradable. En el *feng shui*, la orientación es muy importante. Los chinos prefieren una orientación norte-sur que, por supuesto, es la mejor para beneficiarse de la energía del sol. Asimismo, los que practican el *feng shui* conceden una gran importancia a la disposición de los muebles y recomiendan situar la mesa de trabajo de cara a una puerta abierta, que, como todo el mundo puede imaginar, es el lugar más confortable desde un punto de vista psicológico. La colocación estratégica de un espejo (lo que un escritor denominó la «aspirina del *feng shui*») tal vez encauce el flujo de *ch'i*, pero sin duda multiplica las perspectivas y la luz. Las flores y otras plantas vivas pueden constituir un remedio para todo tipo imaginable de infortunios, desde esquinas demasiado prominentes hasta ventanas exageradamente grandes, pero también suavizan un espacio interior como recuerdos vivientes del mundo natural.

La misma lógica cabe aplicar al mal *feng shui*. Las casas que funcionan mal, precisan alguna reparación o no se mantienen en buenas condiciones poseen un *feng shui* malo. Lo mismo cabe decir de los armarios y las buhardillas inutilizados por el desorden, que también puede invadir el hueco que hay debajo de la escalera. El *feng shui* comprende muchas normas, desde principios generales hasta detalles minuciosos, pero su contribución más valiosa es, tal vez, el holismo de su premisa básica: la calidad del espacio y su distribución ejerce una profunda influencia en nuestro bienestar.

El flujo libre de espacio de esta casa de Ahmadabad, en la India (superior y derecha)**, diseñada por Le Corbusier, expresa a la perfección su convicción de que el plano es la fuerza motriz del diseño arquitectónico.**

El alineamiento o secuencia simétrica a través de una serie de habitaciones es una ordenación del espacio clásica, realzada de forma espectacular en el Palacio Trivancore, India, por el lustroso suelo negro, un acabado conseguido, al parecer, con clara de huevo (superior, extremo izquierda

Las casas antiguas estaban pensadas para separar las actividades, con habitaciones asignadas para funciones específicas. La supresión de parede divisorias permite que los espacios vitales fluyan de un modo más informal (superior izquierda).

El volumen crea una sensación de expansión. En esta reforma tipo desván (izquierda), las ventanas interiores proporcionan una visión imponente del cuarto de estar.

La inclusión de un nivel intermedio en un gran espacio reformado mantiene una sensación de abertura al mismo tiempo que ofrece cierto grado de intimidad **para dormir** (superior).

En los espacios de planta abierta, la disposición de los muebles tiene una importancia crucial, puesto que establece puntos focales de actividad y crea rutas de circulación de una zona a otra. Este «comedor» (superior derecha) **está definido exclusivamente por la situación de la mesa, las sillas y la lámpara del techo.**

Esta simpática actualización, relajada e informal, de una casa vieja conserva una calidad arquitectónica atractiva al tiempo que saca el máximo partido de las perspectivas y la luz natural (derecha).

luz

La luz, más que cualquier otro elemento de los interiores, crea buen ambiente y atmósfera: actúa directamente sobre las emociones. El sentido de la vista es el más desarrollado en el hombre, y no es de extrañar que la luz, que hace que el mundo sea visible, tenga un efecto tan profundo sobre nuestros sentimientos. Sin embargo, resulta curioso que, a pesar de su crucial importancia, tan sólo invirtamos en la iluminación de nuestro hogar una pequeña fracción de los esfuerzos y gastos dedicados a otros aspectos de la decoración y el mobiliario. Uno de los motivos puede ser el hecho de que la iluminación suele considerarse una cuestión compleja y técnica que muy pocos de nosotros somos capaces de comprender. Otra de las causas puede ser la tendencia del público a prestar más atención a los distintos estilos de accesorios para la iluminación que a la propia calidad de la luz. Todavía hay muchos hogares con una iluminación deficiente o excesiva, lo que con mucha frecuencia viene a ser lo mismo.

Como ocurre con el espacio, al pensar en la luz dirigimos nuestra atención al mundo natural. Los seres humanos se sienten instintivamente atraídos por la luz. Los días soleados hacen que nos sintamos inmediatamente revitalizados, mientras que los cielos encapotados nos ahogan. La migración estival anual de los habitantes de los países septentrionales hacia climas meridionales más cálidos puede ser concebida como una búsqueda de luz; un deseo muy vehemente, como denota la popularidad de los paquetes de vacaciones. La identificación del TAE (trastorno afectivo estacional) muestra hasta qué punto pueden ser graves los efectos de la privación de luz.

Con todo, la plena luz del sol no es la única forma agradable de luz natural. Si permanece un rato sentado en el jardín de su casa, especialmente a la sombra, observará una serie de ínfimas variaciones en los niveles y la intensidad de luz. Cuando el sol está en lo alto, puede haber sombras perfectamente definidas mientras que, a última hora de la tarde, las sombras son suaves y alargadas. Cuando el sol brilla a través de las hojas de un árbol, se pueden observar diseños moteados de luz y sombra, y una oscura luz dorada que permite captar las diminutas partículas de polvo que flotan en el aire cuando se pone el sol. Estas variaciones son las que proporcionan placer, y no el mero hecho de que el sol brille plenamente.

Otros cambios meteorológicos más radicales también pueden hacer que «veamos las cosas bajo una luz diferente», como el oscurecimiento repentino y amenazador que precede a una tormenta. Asimismo, a menudo se sabe que ha nevado durante la noche sin necesidad de mirar por la ventana, puesto que la luminosidad deslumbrante que se refleja en la nieve crea un

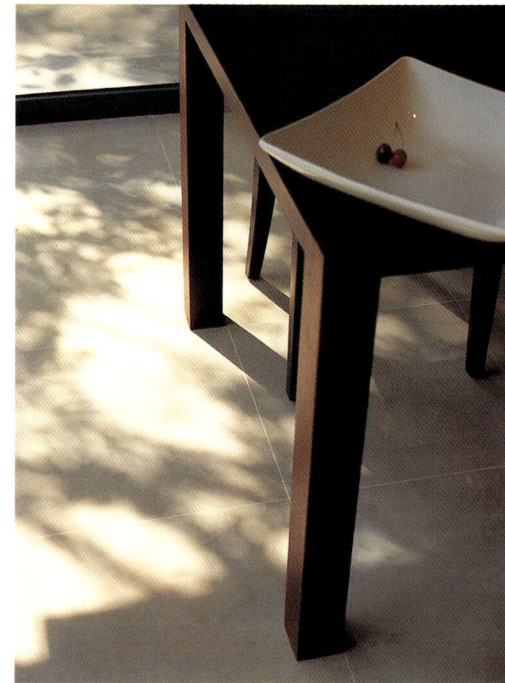

La simplicidad de las lámparas de papel oculta su eficacia como uno de los difusores de luz más sugerentes (superior izquierda).

La luz se hace «más azul» en el crepúsculo (superior centro). **La luz artificial tiene que complementar los niveles de luz natural, no actuar como un sustituto.**

La luz moteada, con sus diseños de luz y sombra en constante movimiento, crea un ambiente de inmenso bienestar (superior).

La luz natural cambia de color, nivel, dirección e intensidad, desde un cielo de tormenta espectacular (derecha) **hasta la luz suave y rosada del alba. Con la luz artificial siempre hay que conseguir esta variedad.**

tipo de luz completamente diferente. En el sur de California, los cambios atmosféricos asociados a la calima han dado lugar a la palabra «luz aérea» para describir una luminosidad difusa y generalizada. *L'heure bleue*, el término francés empleado para designar el crepúsculo, resume perfectamente el fugaz momento en que el color de la luz va cambiando hacia la parte fría del espectro cromático. Artistas como Turner o Hockney, que poseen una sensibilidad extraordinaria para este tipo de fenómenos, a menudo se sienten atraídos por un lugar determinado del planeta por la única razón de que ofrece una calidad de luz diferente y, por consiguiente, una forma distinta de percibir el color.

Sin embargo, por muy conscientes que seamos de estas diferencias, de un momento a otro o de una latitud a otra, la variedad de luz rara vez se reproduce en los interiores. En lugar de la movilidad de la luz natural, suele haber un foco central fijo y estático. La difusión y la sutileza son sustituidas por una luz deslumbrante, y las fascinantes manchas de luz y sombra son sustituidas por una luminosidad uniforme que anula toda la profundidad de carácter. Al parecer, la luz artificial se considera un simple instrumento práctico, un sustituto de segunda categoría de la luz del sol, carente de cualquier efecto estético. Pero resulta mucho más útil y, a la larga, mucho más ventajoso aprovechar la calidad de luz de los interiores en su conjunto, combinando las fuentes de luz natural y artificial durante gran parte del día y hasta la noche.

Los habitantes de latitudes septentrionales dan por sentado que cuanta más luz natural recibe una habitación, mejor. Los meses de mortecino sol invernal y días lluviosos hacen que estén ávidos de luz solar, cuanta más mejor. Así, por ejemplo, el que los estilos de decoración escandinavos parezcan estar diseñados para aprovechar al máximo la luz, con colores pálidos, amplias ventanas y mucho espacio útil, no es fruto de la casualidad. Por otro lado, en aquellas partes del mundo que disfrutan de una meteorología más benigna, la luz del sol no se agradece tanto, puesto que puede caldear en exceso el interior. En los países meridionales más cálidos, las casas poseen amplios porches o terrazas umbrías para crear zonas templadas entre el exterior y el interior, ventanas más pequeñas con alféizares hondos para reducir el penetrante brillo del sol y persianas, celosías y toldos para filtrar la claridad.

Pero las actitudes adoptadas frente a la luz no tienen por qué estar determinadas únicamente por la geografía, sino que el

La luz revela la textura y la forma. La luz directa intensa crea sombras perfiladas y bien definidas; la tenue y difusa iluminación lateral realza las cualidades del material de las superficies.

Como defienden los partidarios del *feng shui*, la orientación puede ejercer un profundo efecto sobre nuestros sentimientos.

Despertarse con la luz del sol es una forma más apacible y natural de empezar el día que con el sonido estridente de un despertador.

gusto también desempeña un papel importante. Resulta sorprendente que, en la Europa del siglo XVIII, cuando los avances tecnológicos y arquitectónicos proporcionaron los medios para construir ventanas grandes con cristales relativamente transparentes, las casas se inundaran de luz y fueran decoradas con simpatía, mientras que, tan sólo un siglo más tarde, los edificios victorianos se caracterizaron por una densa penumbra, con esquemas cromáticos sombríos, muebles pesados, ventanas cubiertas por varias capas de lánguidos cortinajes y la exclusión de la luz natural casi como si se tratara de un intruso. Por supuesto, la luz de gas, las velas y los candiles ensuciaban y ennegrecían rápidamente las habitaciones, y las casas no empezaron a llenarse nuevamente de luz hasta la llegada de la electricidad. Esta fuente de energía limpia supuso que los esquemas decorativos más pálidos pudieran permanecer prístinos durante mucho más tiempo.

Para la mayoría de nosotros, la luz es la otra cara de la moneda del espacio. Necesitamos disponer de espacio a nuestro alrededor para apreciar los efectos de la luz, y precisamos de la luz para descubrir el espacio. Asimismo, los viajes a lugares con climas muy distintos nos ofrecen una muestra de lo que es capaz la abundancia de luz y, como consecuencia, sentimos el deseo de sacar el máximo partido de la luz de que disponemos en nuestro hogar. Para ello simplemente hay que prestar atención a la orientación, de modo que las actividades que deban beneficiarse de la luz diurna tengan lugar en aquellas partes de la casa más propensas a recibirla. Mediante la ampliación o la creación de nuevas ventanas y manteniendo éstas despejadas se consigue captar la mayor cantidad de luz posible. La elección de los colores y acabados adecuados distribuirá y reflejará la luz por la habitación.

Este tipo de estrategias para potenciar al máximo los efectos de la luz natural pueden ser más o menos evidentes. La compañera de la luz natural (la iluminación artificial) es la que suele plantear más dificultades. Cuando llegó por primera vez a los hogares a finales del siglo XIX, la luz eléctrica se consideró extraordinariamente brillante, a pesar

de que el número de vatios era muy inferior al actual. Desde entonces, la luminosidad de las casas ha aumentado progresivamente, mientras que, al mismo tiempo, se ha ido reduciendo el número de fuentes luminosas. El resultado final suele ser un brillo molesto y un efecto uniforme que puede llegar a ser sumamente opresivo. La luz deslumbrante es la antítesis de la vida confortable, y por muchas buenas razones físicas. Se produce cuando existe un contraste demasiado fuerte entre una fuente de luz y su entorno, lo que hace que el ojo tenga que adaptarse constantemente a ambos. La uniformidad, que consiste en allanar todas las diferencias, simplemente es deprimente.

La iluminación artificial no experimenta las variaciones propias de la luz natural y que la hacen tan atractiva. Sea cual sea la cantidad de luz natural que penetre en una habitación, el efecto nunca será estático, sencillamente porque el color, la dirección y la intensidad de luz cambian a medida que el sol describe su trayectoria en el firmamento. Cuando cree un esquema de luz artificial, procure conseguir riqueza.

En las latitudes septentrionales, donde puede estar nublado durante varios meses, los interiores necesitan tanta luz natural como sea posible. Las ventanas altas en forma de arco inundan el espacio con luz pura en esta casa diseñada por el arquitecto minimalista Claudio Silvestrin (superior).

Con limitarse a incrementar el número de fuentes luminosas de una habitación y, al mismo tiempo, reducir la intensidad de cada una de ellas se puede conseguir mucho. Una lámpara de techo luminosa puede proporcionar toda la luz precisa para ver, pero no suministra la calidad de luz adecuada para vivir. En cambio, la colocación de varias lámparas de intensidad regulable a diferentes alturas y orientadas en varias direcciones transmite inmediatamente una sensación de confortabilidad y buen ambiente. Ninguna de las lámparas es, por sí sola, lo bastante brillante para dañar la vista, pero la suma total de iluminación sigue siendo la misma. Además, en lugar de un nivel plano y uniforme de luz, se crean varios grados superpuestos de luz y sombra que realzan la forma y la textura. Puede que nos sintamos atraídos por la luz, pero la sombra hace que las cosas parezcan interesantes.

Otro factor clave es la dirección de la luz. Dirigiéndola hacia arriba para que rebote en el techo se consigue una sensación de expansión. La luz orientada hacia los lados roza las superficies revelando su contorno y textura. Al dirigirla hacia abajo, es posible centrar la atención en una página, un teclado, una encimera o cualquier otro objeto. Mediante la combinación de todas o algunas de estas orientaciones en una zona concreta podrá crear una sensación de vitalidad.

La amplísima oferta de fuentes luminosas que existe actualmente en el mercado también le permite experimentar con el color. El tungsteno, que sigue siendo el tipo de luz doméstica más común, emite una luz cálida y dorada claramente hogareña. Es más que familiar, puesto que es la que más se parece al color de la luz de una vela.

En los últimos años, las lámparas halógenas han invadido nuestros hogares. La luz halógena, que es nítida y blanca y revela los colores casi con la misma fidelidad que la diurna, constituye una nueva dimensión dentro de la gama de fuentes de iluminación. Además, añadiendo un regulador de voltaje a este tipo de lámparas se puede modificar el ambiente y la calidad de luz a medida que avanza la tarde.

En el campo de la iluminación, la estética no está reñida con el buen funcionamiento desde el punto de vista práctico. Para que una luz sea funcional, ésta no debe deslumbrar y, con frecuencia, tiene que estar dirigida hacia un punto en concreto. Debe iluminar la tarea que tenemos entre manos sin reflejarse directamente en los ojos o causar reflejos periféricos que puedan distraer la atención. Debe ser suficiente pero no excesivamente luminosa. Y, como ocurre con todos los accesorios útiles, su valor depende de la infraestructura. Resulta más sencillo conseguir flexibilidad cuando existen suficientes puntos de luz y controles bien distribuidos.

La calidad de la luz es esencial para una vida confortable. Tanto si se trata del sol de mediodía que se cuela a través de una persiana veneciana semicerrada, del círculo cálido e íntimo vertido por una lámpara de mesa con pantalla, la invitación a la concentración de un flexo, la hospitalidad de la inconstante luz del fuego o la vacilante luz de una vela, o de la claridad moteada de una galería o una terraza a la sombra, la luz es uno de los elementos básicos más atractivos.

La luz cálida es relajante, íntima y acogedora. El calor de una chimenea es tanto físico como psíquico, mientras que la luz dorada del atardecer satura por completo los colores. La luz de tungsteno, que posee un rico tono dorado similar al de una vela, es grata y favorecedora.

Las habitaciones con más de una orientación, en las que la luz penetra desde varias direcciones, poseen un sentido de vitalidad innato (inferior). El efecto es especialmente acusado cuando las ventanas están situadas en paredes contiguas en vez de opuestas. A medida que la posición del sol en el cielo se desplaza, el nivel y la dirección de la luz varían en consecuencia.

El color es esencial a la hora de proyectar un esquema luminoso. Las fuentes de luz halógena tienen un tono frío y blanco similar a la luz diurna, mientras que las lámparas de tungsteno domésticas y la luz de las velas son mucho más cálidas e íntimas.

El éxito de un plan de iluminación depende de la disponibilidad de varias fuentes luminosas diferentes para crear puntos de luz y sombra contrastados con el objetivo de dirigir la vista de un lugar a otro. Ninguna de las lámparas tiene por qué ser demasiado brillante, pero el efecto final es eficaz y ambiental. En esta casa (izquierda), se ha iluminado la encimera de la cocina con lámparas brillantes y enfocadas, mientras que al lado de los sofás se han dispuesto luces más íntimas y con pantalla. La escalera y las estanterías reciben una iluminación indirecta, esencial para evitar el deslumbramiento.

La conciliación de los distintos niveles de luz necesarios para ambientes y actividades diversos puede constituir un auténtico reto en un espacio de planta abierta. En este caso, se ha empleado una mampara difusa de plexiglás para suavizar la luz más brillante de la cocina y crear un fondo apacible para la sala de estar (derecha).

color

A primera vista, el color parece ser una cuestión mucho menos compleja que el espacio o la luz. Después de todo, el color es algo evidente, habla por sí mismo. Y, sin embargo, pocas decisiones causan mayor ansiedad o inspiran un examen introspectivo más profundo que la elección de aquellos colores con los que se va a convivir. Personas que suelen elegir el mobiliario y otros productos básicos con plena decisión y son capaces de sopesar los pros y los contras de la funcionalidad, el precio y el estilo a menudo se quedan con la mente en blanco cuando tienen ante sí un muestrario de pinturas. En tal caso, la neutralidad parece la opción más segura.

Pero no todas las culturas son tan indecisas. En aquellos lugares en los que hay mucha luz, las combinaciones de colores son deslumbrantes. Considere los centenares de variaciones mediterráneas del color azul o los electrizantes contrastes de colores de África, Asia y Latinoamérica. El descubrimiento de estas gamas cromáticas, ya sea a través de los viajes o de la fotografía en color, nos ha enseñado, al menos, lo que nos estamos perdiendo. Los puristas insisten en que los colores brillantes no funcionan bien sin la luminosidad de sus lugares de origen, pero esta postura parece ignorar los colores increíblemente vibrantes que podemos encontrar en algunos edificios autóctonos de los países septentrionales, como las granjas del sudoeste de Irlanda, y, al mismo tiempo, nos condenan a vivir con unos tonos convenientemente apagados. No veo ningún motivo por el que los colores que hemos encontrado en nuestras vacaciones no pueden inspirarnos al regresar a casa.

Hoy en día, el color es un gran negocio y es más asequible y fácil de conseguir que en ningún otro momento de la historia. En el pasado, era técnicamente imposible producir determinados colores brillantes, como un amarillo brillante fiable, a partir de animales, vegetales y minerales, los cuales constituían la base de la mayoría de pigmentos. Otros, sobre todo el azul puro extraído del lapislázuli, eran carísimos. La rareza y la singularidad de este azul justifican su extensa aparición en las pinturas antiguas. Naturalmente, los colores intensos no eran desconocidos para nuestros antepasados, y resulta sorprendente descubrir cuán vivos eran en realidad muchos interiores histó-

ricos. Actualmente, mucha gente se sentiría profundamente asombrada si pudiera ver un interior original recién pintado del arquitecto Adam. Sin embargo, la gama cromática de las casas vulgares era mucho más apagada, y en particular los colores de su interior guardaban una estrecha relación con los materiales de construcción de uso común. Se empleaban tonos de madera sobre los acabados en este material y tonos de piedra sobre las paredes. Las habitaciones destinadas al servicio y los pasillos solían estar pintados de un color marrón grisáceo.

En comparación con nuestros antepasados, nosotros estamos demasiado bien acostumbrados a la variedad. A pesar de que tenemos a nuestro alcance todos los amarillos brillantes y azules puros que queramos, ¿por qué el magnolia, la encarnación moderna del antiguo marrón grisáceo, sigue siendo tan popular? ¿Por qué nos cuesta tanto saber lo que queremos en realidad?

Sospecho que parte del problema se debe a la amplitud de la oferta. Otro factor importante es que, a medida que los febriles ciclos de moda invaden el diseño y la decoración de interiores (la mentalidad de «el marrón es el nuevo negro»), resulta demasiado desconcertante y agotador mantenerse al día. Un día, las revistas de estilo están saturadas de verde lima, y al día siguiente éste se ha sustituido por el naranja o el lavanda pálido. Ni que decir tiene que para poder seguir las tendencias del color en su propio hogar tendría que pasarse la vida con una brocha en la mano.

Sin embargo, creo que merece la pena vencer estas inhibiciones. Aunque fuera posible suprimir totalmente el color (y hay quien lo ha intentado), sería profundamente deprimente. El color da sabor a la vida. Si lo utilizamos positivamente y aprendemos a valorar cómo influye sobre nuestros sentimientos, podemos enriquecer la forma en que percibimos lo que nos rodea y convertirlo en un elemento esencial de nuestra vida.

El color es visceral. Pero, aunque se puede amar u odiar instantáneamente un color, las causas de esta respuesta pueden ser más complejas de lo que se imagina. Las asociaciones culturales pueden ser muy fuertes. Los asiáticos, por ejemplo, se casan de rojo y guardan luto vestidos de blanco.

El color verde, situado en la parte del espectro cromático que nuestros ojos perciben con mayor facilidad, es relajante y tranquilizador por naturaleza.

El color es un detalle en este interior minimalista. Los objetos accesorios, como flores, cuadros e, incluso, personas, pueden constituir un vívido elemento de énfasis cuando el fondo es puro o neutro.

Los cojines de colores vivos son un placer para la vista y confieren un toque humano a los interiores modernos (derecha).

Originalmente, todos los tintes se obtenían a partir de fuentes naturales, tanto de animales como de vegetales y minerales (superior). Los tintes naturales pueden producir tonos tan suaves como las manchas terrosas de la lana o tan penetrantes como los vívidos matices de la India. Las piezas de ropa teñidas o coloreadas con tintes naturales se decoloran graciosamente con el tiempo y los lavados.

La inspiración del color se halla en todas partes: el paisaje, las flores e, incluso, los alimentos pueden servir de base para la elección de los colores con los que vamos a convivir.

El color depende del contexto, en particular de las condiciones de luz natural. El cristal de colores es especialmente sugerente, puesto que salpica las superficies de sombras de intensos colores.

La naturaleza ofrece muchas combinaciones de colores sorprendentes. De niño, me apasionaban los diseños de las alas de las mariposas.

El rojo es el color de la suerte para los chinos y simboliza la felicidad y la fuerza, mientras que el amarillo significa una larga vida. Los adeptos al *feng shui* consideran las habitaciones pintadas de blanco como invitaciones al desastre. Lo que nosotros consideramos chic y sofisticado, para ellos favorece graves enfermedades. Nosotros atribuimos nuestras propias emociones, tanto positivas como negativas, a los colores: el rojo para la ira, las deudas y la seducción, el verde para la envidia y el «brío», el amarillo para la cobardía y la constancia y el azul para la pureza, la frescura y la depresión.

Los diseñadores de envases y logotipos prestan una extraordinaria atención a estas connotaciones, y los fabricantes y comerciantes se aprovechan de ellas.

Desde el punto de vista estrictamente físico, poseemos una sensibilidad innata hacia determinados colores derivada de modelos de longitudes de onda. A plena luz del día, nuestros ojos ven con más facilidad los colores situados en el centro del espectro (del amarillo al verde). Por esta razón, el verde es un color relajante y que proporciona sosiego, tanto si se trata del verde de un jardín, de la naturaleza como del tono pálido de las paredes de un quirófano, donde constituye el entorno adecuado para las operaciones de vida o muerte porque es el que menos distrae la atención. Cuando empieza a anochecer, la gama de colores que vemos con más facilidad se desplaza ligeramente hacia el azul. El rojo, en cambio, es cualquier cosa menos tranquilizador. Mientras que el azul es el color del frío y la distancia, el rojo es cálido y cercano. En la naturaleza desempeña tanto el papel de señal de alarma como de señuelo, pudiendo aparecer tanto en una baya venenosa como en una manzana madura. Constituye un estímulo para actuar y atrae rápidamente la atención de niños y clientes.

La forma en que la luz afecta a la percepción del color y cómo el color, a su vez, afecta a nuestra percepción del espacio son críticas a la hora de decorar y amueblar nuestro hogar. Los colores pálidos, que contienen gran cantidad de blanco, reflejan la luz y la diseminan a su alrededor. En cambio, los colores oscuros son más envolventes y absorben más la luz. Sin embargo, el contexto desempeña un papel muy importante. El azul, por ejemplo, puede ser etéreo y fuente de inspiración, y su efecto distanciador puede incrementar el sentido de espaciosidad. No obstante, este color puede parecer frío, clínico y absolutamente deprimente en una habitación que reciba poca luz directa del sol. El rojo puede ser cálido, acogedor y alegre, pero en grandes dosis es sencillamente agotador; resulta excesivo.

Aquellos colores intermedios situados entre un color y el siguiente, como el verde azulado, el azul grisáceo, el rojo anaranjado y el azul rojizo, varían considerablemente se-

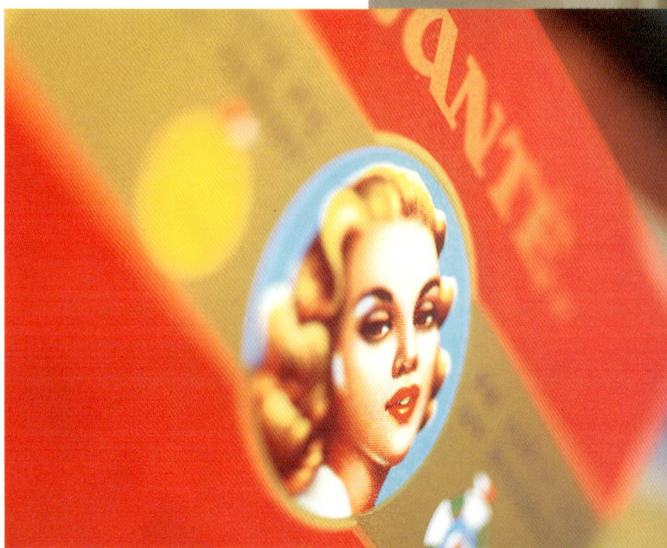

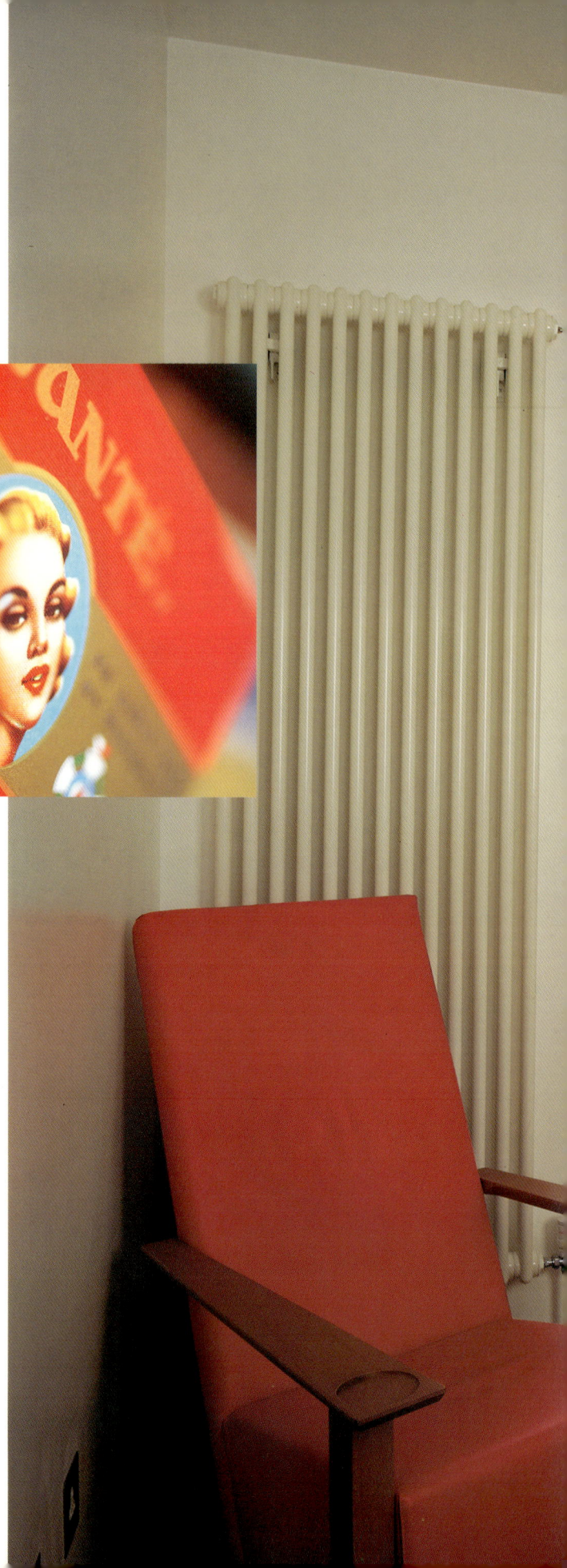

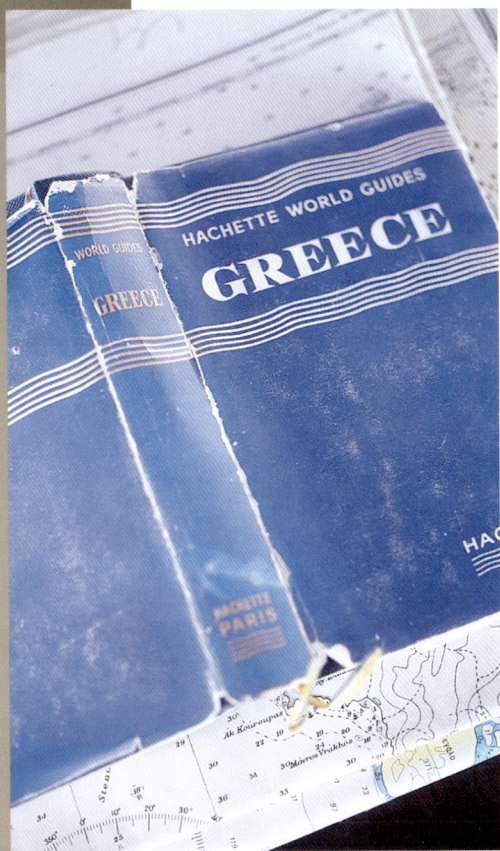

El azul es el color de la distancia y la expansión: piense en el cielo y el mar. En los espacios interiores, intensifica la sensación de espaciosidad, pero hay que utilizarlo en aquellos lugares en los que las condiciones de luminosidad natural sean favorables, ya que de lo contrario puede producir un efecto clínico y enervante. Aquí, el azul define la pared de una cocina en un espacio bien iluminado a través del techo acristalado (centro). En contraste, el rojo es un color atrayente que capta la atención y aporta vitalidad. Lo que podría resultar molesto a una escala mayor constituye un elemento de énfasis insuperable.

gún el momento del día. Estas variaciones luminosas pueden ser una forma eficaz de introducir una sensación de vitalidad en el ambiente. Haciendo resaltar algún componente de uno de estos tonos híbridos para utilizarlo como elemento enfático, por ejemplo, azul sobre azul rojizo, se consigue una tensión vigorizante, mientras que los fondos de color azul grisáceo pálido parecen acentuar los demás colores. Los colores denominados complementarios, es decir, aquéllos que están situados unos frente a otros dentro del círculo cromático, como el rojo y el verde o el azul y el naranja, tienden a crear asociaciones estimulantes. El estudio de la teoría sobre el color es una buena forma de descubrir estos aspectos. Pero lo mejor es tomarse la molestia de mirar, especialmente la naturaleza. Mi pasión adolescente por las mariposas nocturnas y diurnas me abrió las puertas de un sinfín de combinaciones de colores y diseños, al igual que mi afán de recoger y prensar todas las flores silvestres de la zona. Uno de mis primeros recuerdos sobre el color es la imagen de pintura verde brillante derramada sobre un suelo de baldosas de terracota.

Es importante recordar que las habitaciones pueden rebosar colorido aunque las paredes estén pintadas de blanco. Puede que la obligación de pintar las cuatro paredes del mismo color sea una de las cosas que espanta a la gente en primer lugar. A Joseph, empresario del mundo de la moda, le encanta el color, pero cree que es muy difícil aprender a mezclar varios colores con éxito. Antes de equivocarse, prefiere pintar las paredes de su casa con tonos neutros, suaves y apagados, y contrastarlos con los colores vivos de flores, frutas y textiles. El lomo de los libros, una puerta pintada, vasijas de plástico, paquetes misteriosos, jarrones de cristal de colores, cojines y colchas, flores, cuadros e incluso las personas de una habitación pueden contribuir sustancialmente a aportar unos toques de color que atraen la vista una y otra vez, y ésta es mi filosofía sobre el color. En este sentido, el color puede ser fruto de la casualidad y a menudo resulta más refrescante y alegre que un esquema planificado y coordinado con el máximo esmero.

La textura altera nuestra percepción del color. Las superficies rugosas, mates o granuladas suavizan la intensidad de los distintos colores, mientras que las superficies brillantes, pulidas o reflectantes aportan nitidez y viveza. Los materiales naturales, como la madera, la terracota y el yeso, ofrecen una gama de tonos terrosos y agradables, todos ellos muy fáciles de combinar entre sí.

textura

La textura nos pone en contacto con el mundo físico, en el que los materiales tienen peso y resistencia, superficie y acabado. En el diseño de fibras o la caída de un tejido, la textura sirve para recordar cómo están hechas las cosas, tanto por el hombre como por la naturaleza.

El diseño de interiores pone un gran énfasis en la importancia visual de la textura. La textura, como una variable del color, puede suavizar o acentuar un tono, como demuestra el impactante contraste de los acabados de la pintura mate, satinada y brillante.

La textura, como elemento intrínseco del diseño, realza el movimiento y el ritmo, evidentes en la dirección de un tejido o el torzal de una fibra. De hecho, se puede decir que los diseños basados de algún modo en la textura, como el damasco y el brocado, tienen una mayor vitalidad inherente que aquéllos que simplemente están estampados. Las variaciones entre suave y áspero y arrugado y liso aportan una sensación de nitidez y carácter que se hace patente cuando la luz se refleja sobre la superficie de la tela o cuando las sombras penetran en los huecos y muescas. Cuanto más sencillo es el entorno y más apagados son los colores, tanto mayor es el papel que desempeña la textura.

Con todo, la contribución de la textura a la apariencia de una habitación es tan sólo una parte de la cuestión. Ver no siempre significa creer, lo que explica por qué nos gusta manosear la fruta de un puesto de mercado, tocar la tela de un traje colgado de una percha en una tienda o acariciar la superficie de un sofá. La textura siempre implica e invita a tocar, desde las yemas de los dedos hasta las plantas de los pies. El tacto de los materiales con los que convivimos contribuye profundamente al placer que obtenemos de su uso. Una barandilla de madera pulida, una maceta de loza, una pared de ladrillo pintada, una alfombrilla desigual, una mesa de roble fregada y una taza de porcelana pueden tener en común los mismos tonos neutros, pero ofrecen experiencias completamente diferentes al encontrarse directamente.

Las variaciones de textura aportan carácter y calidad táctil a este interior (derecha). **Las suaves varillas del respaldo de las sillas invitan a tocarlas, al igual que la vasija de barro y los objetos entretejidos, situados donde la luz pueda revelar la naturaleza de sus superficies.**

La dirección y el dibujo del veteado de la madera, visible en las vigas y columnas carentes de acabado o en el suave contrachapado, sirve para recordar el origen vivo de este material.

Los paneles, electrodomésticos y puertas de metal, un material duro y que refleja la luz, perfilan la apariencia de las zonas de trabajo, como la cocina. El metal aporta un elegante toque contemporáneo al hogar tomado de contextos industriales tales como fábricas y laboratorios. Sin embargo, la naturaleza también ofrece una gama de colores similar.

Los materiales naturales envejecen bien, y con los años
adquieren un grato carácter de manipulación y uso.

La textura también atrae de otras formas. El eco sordo de las tablas al pisar sobre ellas, el tintineo del cristal o el frufrú de la seda son el testimonio auditivo de la calidad del material. En esta ocasión, como en otras, las sensaciones se superponen: el penetrante olor a piel no se puede separar del cálido tacto rugoso del cuero, y el intenso aroma de la madera fresca se identifica de inmediato con los anillos y los agujeros que dejan los nudos en la madera.

Los contrastes también son críticos en este plano sensual y emocional. Curiosamente, un ambiente armonioso y tranquilo puede ser trastocado y parecer de otro planeta, mientras que otro absolutamente áspero e inflexible nos puede sugerir un lugar bastante hostil. Tan sólo hay que comparar la experiencia de pasear en un paisaje natural con la de hacerlo por un centro comercial o una carretera asfaltada. Los terrenos naturales ofrecen una gran variedad de experiencias a nuestros pies, desde las hojas secas y resbaladizas hasta el mullido césped, desde la suave resistencia de la arena hasta el tenso agarre de una roca. Los medios urbanos uniformes, como el terrazo o el hormigón, fatigan tanto la mente como los pies.

También es importante que la variedad de texturas sea capaz de satisfacer nuestro deseo innato de cambios y estímulos sin hacer que nuestros pensamientos se dispersen en todas direcciones. Un exceso de distracciones visuales, donde todo reclama nuestra atención (demasiados colores, demasiada confusión, demasiados detalles decorativos), puede resultar cargante con suma rapidez. Sin embargo, la variedad de superficies y acabados es mucho más sugerente y sutil. Se hace patente en un plano menos consciente.

Si la textura es una forma de sustentar la experiencia cotidiana, también es una manera de autentificar materiales. No soy muy aficionado a los productos sintéticos, aunque soy capaz de apreciar los colores vivos y luminosos y las formas orgánicas que se pueden lograr con el plástico, y me agrada utilizarlos por sí mismos. Sin embargo, en general la mayoría de los materiales sintéticos que hay en el mercado son un timo a pesar de prometer una calidad similar sin las dimensiones más tangibles del material auténtico. Pero el engaño únicamente afecta al sentido de la vista. Si camina sobre un suelo de vinilo, toca unos azulejos de imitación de mármol, duerme con sábanas de poliéster o come en una mesa de contrachapado notará la diferencia, puesto que el suelo suena a latas, los azulejos están calientes al tacto, las sábanas no respiran y la mesa es áspera.

Lo que más me desagrada de los materiales artificiales es su incapacidad para envejecer de un modo agradable. Los materiales auténticos y naturales obtenidos a partir de plantas, animales o de la tierra, parecen conservar la misma capacidad de

La calidad de la textura es una parte importantísima del placer que nos proporcionan nuestras actividades cotidianas. La suavidad del cristal y la porcelana hace que coger y beber de los vasos y las tazas sea una delicia, del mismo modo que una barandilla pulida invita a pasar la mano sobre ella. Los sutiles contrastes de texturas de la madera, el acero inoxidable y el suelo de piedra ofrecen una variedad de experiencias táctiles, acústicas y visuales. Estas diferencias se perciben a un nivel prácticamente subconsciente, pero no son menos importantes por no ser enfáticas.

cambio que nosotros asociamos a los seres vivos. Siempre que exista un cierto grado de cuidado y mantenimiento, el proceso de envejecimiento constituye una mejora. Los expertos en muebles antiguos sienten debilidad por la pátina, esa profundidad y carácter que son el resultado de varios años de buena manipulación, cuidado y uso. Resulta bastante improbable que los productos sintéticos, los cuales o bien se niegan rotundamente a envejecer o lo hacen de un modo muy poco atractivo, despierten tanto entusiasmo en décadas futuras, aunque tengo que reconocer que la baquelita que tiene sesenta años de antigüedad ha logrado convertirse en una especie de objeto de culto.

La textura es la forma más evidente de expresar estas distinciones. Tanto los suelos enlosados desgastados por el implacable roce de los pies, como las sábanas de lino tantas veces lavadas que han adquirido la suavidad de la seda, las mesas macizas restregadas y enceradas y las suaves rocas azotadas por las olas reflejan el paso del tiempo, una continuidad profundamente alentadora y confortable. Yo nunca desacreditaría lo nuevo ni me rodearía, como hacen algunos, solamente de objetos con una antigüedad respetable. Pero creo que los materiales que poseen esta capacidad innata de desgastarse y envejecer con elegancia constituyen la esencia de la vida confortable, simplemente debido a su tolerancia inherente. Los objetos descoloridos a causa del

sol o con cualquier otra marca causada por el paso del tiempo suelen inspirar afecto en vez de aversión. Cuando el material es de origen natural, no cuesta nada conformarse con estas pequeñas imperfecciones, incluso acostumbrarse a ellas, y cuando todo comparte la misma capacidad de madurar, el efecto global tiene que ser agradable. En cambio, los materiales que nos engañan en el punto de contacto esencial y ocultan de forma desconcertante cualquier señal de uso o requieren una vigilancia constante para mantener su prístino estado añaden trabajo, tensión y una sensación de irrealidad a nuestras vidas. A pesar de que la publicidad suele afirmar que ahorran tiempo, a menudo ocurre todo lo contrario. Asimismo, es importante tener en cuenta que los materiales sintéticos están en su mejor momento el día de su compra y que, después, pueden estropearse con suma rapidez.

La calidad de las texturas y su variedad requieren una cierta inversión de tiempo y dinero. Normalmente, los materiales naturales son más caros que sus réplicas sintéticas, cuyo precio suele ser el reclamo más persuasivo. Los materiales naturales auténticos también exigen un mayor cuidado y mantenimiento, aunque hay que decir que el esfuerzo realizado a este respecto siempre se ve recompensado con una agradable renovación del carácter y el acabado.

Esta casa de Ahmadabad, en la India (izquierda), diseñada por Le Corbusier, revela una combinación magistral de superficies y acabados, con paredes de ladrillo en contraste con el sensacional diseño reticulado del suelo de piedra local. La calidad de la textura se asocia con frecuencia a edificios vernáculos, donde los materiales son de origen natural y de procedencia local, como la piedra encalada y las paredes de ladrillo y los paneles y revestimientos de madera. Pero estos materiales también pueden ser utilizados para dotar de carácter a espacios más contemporáneos.

confort

El confort es uno de esos conceptos que se comprende con mayor claridad pensando en su contrario: todo el mundo sabe lo que es estar incómodo. La incomodidad, que se sitúa a un par de grados por debajo de la aguda urgencia del dolor, es aquella sensación que se experimenta cuanto los zapatos rezuman agua, hay migas dentro de la cama, se sufre un molesto dolor sin importancia, se bebe algo repugnante, se percibe un olor nocivo, se come algo con un sabor inmundo o se vive una situación socialmente violenta, por ejemplo. La incomodidad, una sensación física aunque no exclusivamente corporal, pone de manifiesto todo tipo de relación imperfecta entre nosotros mismos y lo que nos rodea.

La ausencia de confort no constituye una amenaza para la vida. En realidad, han pasado muchos siglos sin que la gente le concediera demasiada importancia, puesto que en su mayoría estaba más preocupada por la cruda realidad de subsistir o, en lo que concierne a las clases altas, limitándose a presumir. El confort no empezó a entrar en nuestras vidas hasta que no tuvimos suficiente tiempo libre para poder disfrutar de él. La corte de Luis XV fue testigo de la introducción del primer mueble tapizado, el cual estaba acolchado, curvado y sesgado para acomodar el cuerpo humano en reposo, mientras que en Inglaterra, más o menos en la misma época, la idea del confort se identificaba con toda una cultura de bienestar doméstico. El confort siempre ha tenido estas dos caras, la tangible y la intangible.

Tal vez tenga algo que ver con la ética del trabajo protestante, o simplemente se trate de los persistentes vestigios de una sensibilidad puritana, pero mucha gente sigue considerando el confort como una especie de placer prohibido, una dulce tentación que nos aparta del buen camino. Sin embargo, en mi opinión, los ambientes verdaderamente confortables, en los que la iluminación es la justa, los objetos están al alcance de la mano, los muebles sostienen el cuerpo y todo funciona como tiene que ser, proporcionan el mejor escenario para la creatividad. No es un simple punto de vista, sino que esta opinión es compartida por muchos artistas y escritores, que creen que la vida cómoda es esencial para la inspiración.

El confort es un concepto asombrosamente flexible e inherentemente subjetivo, lo que puede ser parte del problema. Si examinamos algunos parámetros físicos básicos, por ejemplo algo aparentemente tan específico como una temperatura agradable, nos resultará difícil encontrar a dos personas que estén de acuerdo, aunque vivan bajo el mismo techo. Una de las dos querrá subir la calefacción o ponerse un jersey, mientras que la otra abrirá una ventana y se quejará del calor. Lo mismo ocurre con otros conceptos más amplios sobre el confort. Sin lugar a dudas, la vida cotidiana actual es más confortable que en la antigüedad y, de algún modo, damos por supuesto un grado bastante alto de confort. Muy pocos occidentales esperan tener que romper el hielo de una palangana cuando se levantan por la mañana en invierno, por ejemplo, o dormir sobre un incómodo colchón de paja. En este sentido, el confort también es relativo, una fase intermedia entre la necesidad y el lujo.

¿Quién se cansa de las cosas buenas? Cuando el confort se convierte en algo cotidiano, de repente la incomodidad puede parecer más justificada e, incluso, más valiosa. Puede que no me guste sentirme incómodo si puedo evitarlo, pero me parece que tan sólo hay que dar un pequeño paso para creer que, de algún modo, el confort afecta a la forma de pensar sobre cosas más importantes. Desde luego, el grado de indulgencia que envuelve, cubre o aísla los sentidos puede sumirnos fácilmente en un estado semivegetativo, y la única forma de recordarnos a nosotros mismos que estamos vivos es renunciar a esta sobreprotección. Pero, una vez más, depende de cómo lo defina cada uno. Para mí, el confort no tiene tanto que ver con un cojín de más o una almohada un poco más blanda sino con un estado de equilibrio que nos libera para podernos expresar y trabajar y que es agradable por naturaleza. Para Joseph, el confort también es equilibrio: «Todo tiene que ser muy relajado pero, al mismo tiempo, no tan disoluto que a uno no le importe nada».

La imaginación popular a menudo confunde el confort con el lujo. Como indicó recientemente el crítico arquitectónico Jonathan Glancey en un artículo, el «lujo» es una etiqueta que se cuelga, cada vez con más frecuencia, a un enorme abanico de objetos increíblemente corrientes en un intento de persuadir a la gente de que compre cosas que no necesita o convencerla de que lo que compra es sumamente distinguido. Estoy mucho más de acuerdo con su definición del lujo: «... un paseo por una playa desierta ... una casa con el suelo de piedra en pleno calor del verano italiano ... poder dedicar un día entero a la lectura ... quedarse en la cama un día laborable, con la lluvia golpeando los cristales, una taza de té y un montón de revistas y periódicos...» Y, por supuesto, un puro.

Lo que hace que el chef John Torode se sienta mejor es poderse sentar y leer un libro con sus hijos o trabajar duro en el jardín. Desde luego, no tiene nada que ver con la aburrida norma de «sentarse en una silla para tomar el desayuno y leer la prensa entre las nueve y las diez de la mañana de un domingo». Para Suzie Slesin, la editora de diseño de la revista americana *House & Garden*, consiste en «no tener lugares u objetos que no se pueden tocar» para no tener que preocuparse constantemente de romper o ensuciar algo.

Nuestras vidas cotidianas están repletas de estrés, y en su mayor parte esto es algo inevitable. En mi opinión, si nuestros hogares no pueden proporcionarnos cierto refugio o respiro de este estrés, tanto física como emocionalmente, es que han fracasado en una de sus funciones más importantes. Desde el simple hecho de apoyar el cuerpo para descansar o relajarse (el confort físico más básico), hasta los placeres elementales que nos hacen sentir a gusto, el confort transmite una necesaria sensación de renovación. Para mí, el confort no es un lujo fútil ni tampoco un desenfreno sofocante: es el espacio esencial que nos permite respirar y, simplemente, ser nosotros mismos, rodeándonos de aquellas cosas que realmente nos gustan y no de las que pensamos que denotan una determinada categoría social.

relajarse

Una de las funciones más importantes que puede desempeñar hoy una casa es el de un lugar donde relajarse. La velocidad de las comunicaciones, la frustrante lentitud del tráfico, la incesante intrusión de estímulos procedentes de la televisión, el teléfono, los periódicos y las redes informáticas hacen que nos encontremos en un estado de alerta permanente. Los días repletos de citas que por la noche concluyen respondiendo a los mensajes dejados en el contestador y eludiendo compromisos dejan muy poco tiempo para uno mismo. Pero no se puede vivir eternamente en un estado de actividad constante. Cuando el mundo se nos viene encima, y, a poder ser, mucho antes de llegar al límite, hay que recargar las pilas, hacer inventario o, como dicen los franceses, *reculer pour mieux sauter*, «recular para saltar mejor».

Para relajarse se necesita tiempo, y cuando el tiempo está limitado hace falta toda la ayuda posible para hallar el espacio físico y mental preciso. Los lugares diseñados, decorados y amueblados para una vida confortable no tienen por qué poner en orden su agenda diaria, pero permiten mantener la cordura. El cambio a un ambiente más confortable actúa como una especie de «reducción de marcha» diaria y nos recuerda que existen otras formas de ver las cosas.

En teoría, uno tendría que poder relajarse en cualquier lugar de su casa, pero, curiosamente, la habitación que debería constituir el entorno adecuado para la relajación a menudo fracasa estrepitosamente en su cometido. Si pasa la mayor parte del tiempo fuera de la sala de estar, es que hay algo que no funciona.

Actualmente, muchas salas de estar están habitadas por los fantasmas de antiguas funciones. En la rígida jerarquía de la sociedad victoriana, el salón era una estancia para recibir a las visitas y estaba decorado y amueblado para impresionarles. Hasta bien entrado el presente siglo, todavía era bastante habitual mantener más o menos cerrado el cuarto de estar hasta que llegaban más visitas. En algunas casas, hacía falta un nacimiento, una boda o un funeral para poder contemplar esta estancia. Como si se tratara de un escaparate, la sala de estar albergaba bienes preciados, regalos de boda y los mejores muebles que se podía permitir la familia, pero el problema era que casi nadie podía verlos, y mucho menos utilizarlos. Su función principal era la de signo de la posición social.

Hoy en día, casi nadie guarda en secreto su sala de estar, porque ¿quién puede permitirse tal pérdida de espacio? Pero a menudo persiste algo de este carácter formal, intocable y de

Para disfrutar del confort se precisa espacio tanto físico como mental, lo que significa que deben ser lugares donde poder relajarse, ser uno mismo y pasar al menos un rato sin hacer nada de provecho. Una vez, en una cafetería próxima a los Campos Elíseos, vi a una mujer mayor que pidió una pera de postre y se dispuso a pelarla lentamente y con manos expertas con un cuchillo hasta que la piel se desprendió en una única espiral: fue una delicada muestra de destreza y concentración que seguramente resultó tan relajante de llevar a cabo como de observar.

Es imposible relajarse en habitaciones en las que hay que prestar una atención constante al mobiliario para que siga estando impecable o en las que todo parece decir «mírame pero no me toques». En esta sencilla casa australiana (izquierda), antiguo hogar de mi hija Sophie y su marido Alex Willcock, el fondo básico está formado por un suelo de losas, paredes de tierra comprimida y un techo de viguetas, todo ello humanizado con una alegre colcha a cuadros a modo de tapiz, una alfombra de fibra natural y fundas blancas. Mi casa del sur de Francia (derecha) también es una granja reformada, donde la simplicidad del suelo de piedra y las paredes encaladas queda compensada con un toque de confort a base de cojines, cobertores y una alfombra.

prestigio. Aunque vivamos en una cultura mucho menos rígida y más democrática, al parecer todavía no hemos dominado nuestro deseo de presumir. Me parece que las habitaciones que han sido amuebladas pensando en los vecinos a menudo acaban por no satisfacer demasiado a nadie. El guardar las apariencias genera una especie de atmósfera estirada muy alejada de la comodidad. Pero, irónicamente, lo que la mayoría de la gente trata de evitar por todos los medios, tanto para sí mismos como para sus invitados, es sentirse incómodos.

Una cosa son las habitaciones que transmiten mensajes negativos, pero en muchas salas de estar estos mensajes no son nada claros. Sabemos para qué sirve la cocina y el cuarto de baño y cuál es el papel del dormitorio. Pero, en muchos hogares, el cuarto de estar simplemente acoge todo lo que sobra, reuniendo toda una serie de actividades y objetos que pueden no tener nada en común y ser absolutamente incom-

patibles. Lejos de ser un espacio donde relajarse, la sala de estar acaba convirtiéndose en una habitación que exige una meditación constante. Puede usted adoptar dos actitudes frente a este problema: puede ser despiadado, decidir la función que realmente desea que desempeñe ese espacio y reorganizar su casa para que todos aquellos objetos que no se ajustan a su propósito vayan a parar a otro sitio o sean eliminados. Por otra parte, también puede ampliar el espacio para crear un flujo natural de actividad. Después de todo, preparar la comida puede ser tan relajante como escuchar música, y en una zona de planta abierta nada le impide hacer ambas cosas a la vez. Este tipo de espacios son acogedores por naturaleza, puesto que ofrecen el hospitalario sentido de participar en la vida del hogar.

¿Cómo se puede empezar a crear ambientes relajantes y acogedores? El primer paso consiste en ser capaz de recono-

cer exactamente lo que le hace sentir a gusto. Si tuviera que imaginarme una habitación que me hiciera sentir cómodo y completamente relajado, ésta albergaría un enorme y mullido sofá tapizado en color crema, sillas de mimbre amplias con cojines grandes y arrugados y un suelo de piedra desgastado cubierto con una bonita alfombra. Frente a las ventanas abiertas se mecerían suavemente unas cortinas de lino blancas que dejaran pasar los rayos de sol, y la habitación tendría unas vistas fantásticas: a un lado el mar o un río y al otro un exuberante paisaje verde. También habría una chimenea con el fuego ardiendo débilmente para que el olor a humo de la madera inundara toda la estancia. Sobre una mesa de madera colocaría una jarra de vino, muchos vasos y una gran bandeja con rábanos, y en la pared un gran Morris Louis. Vestiría ropa gastada y descolorida (sin corbata) y calzaría mis zapatillas de cuero favoritas (sin calcetines).

Éste es el tipo de ambiente que me gusta. Es evidente que cuando uno está a gusto, es mucho más fácil conseguir que los demás también se sientan relajados y cómodos, y el resultado es todo lo contrario a una habitación que hace que todo el mundo se porte lo mejor posible. Naturalmente, parte de ello se debe a unos asientos confortables, un nivel de iluminación adecuado y suficiente espacio para moverse libremente. Y, puesto que la informalidad va de la mano de la vida al aire libre, una cierta conexión con las zonas ajardinadas aporta un espíritu de frescura y vitalidad. Cuando hace calor hay que poder abrir las ventanas y las puertas y salir fuera cuando apetezca. Los muebles que pueden estar tanto dentro como fuera de casa no sólo son intrínsecamente sencillos, sino que recalcan esta sensación de conexión.

Cuando estamos en la ciudad, nos pasamos la mayor parte del tiempo a la defensiva, tapando nuestros oídos al estruendo del tráfico, tratando de no respirar el humo de la polución y apartando la vista de las duras visiones del entorno urbano. Relajarse significa aprender a eliminar las barreras. La vida al aire libre constituye un cambio favorable para redescubrir el mundo físico y volver a hallar placer en él. La naturaleza es inmejorable para calmar nuestros nervios. Una hamaca atada entre dos árboles, una mesa sencilla situada bajo un emparrado, una tumbona de jardín rodeada del perfume de las plantas o unos cuantos cojines y una manta extendidos sobre la hierba ofrecen una experiencia directa que es la auténtica clave de la vida confortable y que vale la pena emular dentro de casa.

Los sonidos, olores y visiones que nos ofrece la naturaleza proporcionan unas valiosas claves para la creación de espacios relajantes y confortables para vivir. Uno de los sonidos más dulces que conozco es el goteo del agua en un estanque de jardín.

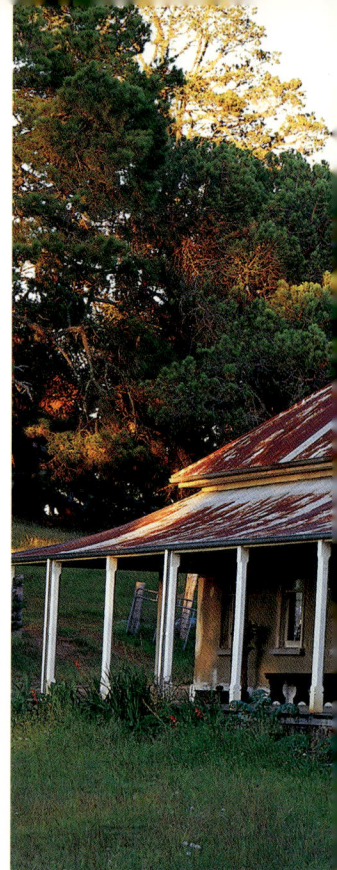

Soñar despierto con ánimo creativo puede servir de ayuda para identificar las situaciones y lugares que le hacen sentir más relajado. El sonido del fluir del agua o de las olas que rompen en la orilla resulta increíblemente relajante, lo que explica por qué la pesca es un deporte tan popular. A pesar de que sería imposible, además de poco recomendable, desviar un río de truchas para que pasara por en medio de la sala de estar, es importante prestar atención a la calidad del sonido y hacer todo lo posible para conectar el interior con el exterior.

Relajarse al aire libre puede ser tan sencillo como estirarse sobre una manta a la sombra de un árbol o balancearse suavemente en una hamaca, si bien uno de los lugares más agradables son aquellas zonas como los porches y las terrazas, que están medio a la sombra y medio al sol. Dentro de casa, no hay ningún motivo para que las habitaciones destinadas al descanso no puedan mostrar la misma espontaneidad e informalidad.

Si bien pocos de nosotros instalaríamos una fuente en la sala de estar, es importante prestar atención a la calidad del sonido. Las superficies uniformemente duras crean un ambiente repleto de ruidos ásperos, amplificando el menor movimiento hasta un grado desagradable, mientras que los espacios con muchas alfombras transmiten una sensación sorda y amortiguada, como en una celda acolchada, y la ausencia de sonidos puede ser extrañamente desconcertante. El equilibrio entre las superficies y acabados resonantes y los que aíslan el ruido, unido a una gran cantidad de aire para agitar y moverlo todo ligeramente, crea un ambiente auditivo que estimula los sentidos sin ser abrumador.

El olfato, el más sugerente de nuestros sentidos, también ejerce una gran influencia sobre nuestro estado de ánimo. Los olores son efímeros: se ha calculado que tan sólo somos conscientes de forma explícita de los olores, a no ser que sean muy intensos y desagradables, durante unos pocos segundos cuando los percibimos por primera vez y que, después, simplemente nos acostumbramos a ellos. Ello explica la gran importancia de la puerta de entrada para atraer a los clientes a una tienda, un restaurante o un supermercado. En algunas empresas se ha sintetizado el apetitoso olor a pan recién hecho y café torrefacto, transportándolo por cañerías hasta puntos estratégicos para incitar al consumo. Incluso se ha llegado a pulverizar los coches de lujo nuevos con una fragancia que huele a cuero. En una época en que los alimentos frescos suelen venderse en envases de plástico, prestando una mayor atención a su aspecto que a su olor o aroma, y en que el pan se cuece en fábricas, esto me parece tremendamente deprimente y cínico. El buen olor debería ser una prueba de autenticidad y calidad. Si analizamos el olor particular de The Conran Shop, observaremos que procede de los productos que están a la venta, como café, jabón y mesas de madera pulidas con aceite de linaza. Los olores que le den la bienvenida a su hogar y sigan ejerciendo su sutil influencia a un nivel más o menos inmediato tienen que atestiguar las cualidades naturales de los materiales y acabados. Los materiales auténticos con frecuencia se benefician de un mantenimiento asimismo natural, con aceites, ceras y productos de limpieza

tradicionales en vez de productos sintéticos que prometen unos resultados instantáneos y dejan el penetrante aroma de los sucedáneos de pino, limón o rosa flotando en el aire. Las plantas aromáticas colocadas al sol cerca de la puerta, las flores recién cortadas, los tomates que maduran en el alféizar de una ventana o una rica comida en el horno constituyen olores acogedores y hogareños que no se venden en frascos.

Las posibilidades de conseguir un entorno que exprese su personalidad y gustos aumentarán si se concentra en estos elementos básicos y los toma como ejemplo. Todo lo que esté a la vista reflejará sus gustos, su «estilo», y no uno sacado de un programa de televisión o de las páginas de una revista.

Inevitablemente, los ordenadores, los televisores y los equipos de sonido ocupan un lugar destacado en muchas salas de estar. Estas intrusiones tecnológicas pueden estar en grave conflicto con el resto de la habitación: las grandes cajas negras y sus accesorios dominan rápidamente el interior más acogedor. Casi nadie, por muy noble que pretenda ser, está dispuesto a renunciar a algún tipo de entretenimiento doméstico, pero merece la pena buscar aquellos diseños compactos que armonicen lo mejor posible con su entorno. Gracias a la miniaturización de la tecnología, hoy en día un tamaño reducido no significa menos prestaciones. Aunque la pantalla del televisor tiene que ser lo bastante grande para poderla ver cómodamente, existen diseños lo suficientemente atractivos como para no tener que ocultarlos dentro de un armario: el televisor «Jim Nature» de Philippe Starck, con su caja reciclable, por ejemplo, introduce un elemento de cualidad táctil a este objeto familiar de la tecnología. Coloque el televisor en una posición que le resulte cómoda para verla pero sin que ocupe un lugar principal como punto focal. Tal vez sienta menos ganas de poner en marcha el aparato si hace las cosas bien y consigue crear un espacio verdaderamente relajante.

Ni que decir tiene que siempre que decida relajarse tiene que hacerlo en un lugar en el que su cuerpo se encuentre cómodo. Sentarse o echarse en el suelo puede ser muy descansado, pero la mayoría de occidentales no podemos mantener este tipo de posturas durante mucho tiempo.

Definir el concepto de confort puede resultar complicado, pero casi todos sabemos cuándo estamos cómodos, por eso somos tan aficionados a botar en la cama o hundirnos en el sofá cuando vamos a una tienda de muebles. Sin embargo, los diseñadores necesitan un punto de partida, y los parámetros físicos dan forma a la idea inicialmente. No es por casualidad que las sillas y los sofás tengan brazos, respaldo y patas, más o menos como nosotros. En un sofá cómodo, el ángulo o inclinación del respaldo responde a la curvatura de la columna vertebral, los almohadones protegen nuestro cuerpo del armazón rígido que hay debajo y los brazos sirven para apoyar nuestros brazos. No estamos hundidos ni demasiado erguidos. En un sofá incómodo, el hueco de la parte más estrecha de la espalda encuentra un vacío, o bien el cuerpo resbala hacia delante para apoyarse en el coxis. Los brazos están demasiado altos y pesados, la espalda duele, la respiración se ve dificultada y nos sumimos, inevitablemente, en un estado de sopor.

El proceso de diseño se inicia prosaicamente, haciendo referencia a unas directrices antropométricas que determinan las dimensiones humanas básicas. A continuación, se dibujan las distintas secciones a tamaño natural sobre papel o pantallas. Los modelos a escala agregan la tercera dimensión, pero no hay nada que pueda sustituir a la realidad para valorar el confort. Da igual que esté comprando un sofá o diseñándolo, porque la prueba final siempre consiste en probarlo. Cuando se diseña un sofá o una butaca, o cualquier otro producto, la última fase antes de la producción del diseño es la muestra de tamaño natural, y no existe otra forma de descubrir si hay que hacer algún cambio que invitando a personas de todo tipo y complexión a que prueben el objeto en cuestión. Si bien hay algunos parámetros que son comunes a todo el mundo y las pequeñas variaciones pueden tener una gran importancia (ajustar un par de grados el ángulo del respaldo, ensanchar los brazos diez milímetros más y escoger la tela), el confort tiene que sentirse para poder creer en él.

Diseñar una silla verdaderamente cómoda es un auténtico reto, tanto si está pensada para adaptarse al cuerpo o acolchada y tapizada para ser un asiento flexible apto para la relajación.

tacto

El algodón es extraordinariamente resistente. El algodón de fibras más largas, como el algodón de Egipto, es lo bastante recio como para usarlo para la navegación a vela. Tender la ropa requiere su tiempo, pero nada huele mejor que unas sábanas que se secan al sol y al aire fresco.

El tacto ofrece un bienestar material de lo más básico e íntimo. Aquello que está en contacto con la piel, desde la punta de los dedos hasta la planta de los pies, ejerce una profunda influencia sobre nuestros sentimientos. El placer y el alivio que nos proporcionan este tipo de experiencias empiezan a una corta edad. Los recién nacidos acarician con el rostro el ribete de raso de las mantas porque les recuerdan la piel de su madre. Cuando empiezan a dar sus primeros pasos se aferran al pelo espeso y familiar de su osito de peluche favorito. Los niños son hipersensibles a los tejidos que rascan o producen picor y les encantan los que están desgastados y son suaves. Las cosas que resultan agradables al tacto a menudo están impregnadas de recuerdos.

El tacto también puede ser un indicador de prestaciones: la textura de los tejidos en forma de panal y el pelo de la felpa indican su gran absorción, y el peso compacto de la lana tejida sugiere calor.

Uno de los materiales que resultan más agradables al tacto es el cachemir. El cachemir, que es increíblemente suave y ligero, se obtiene hilando el pelo, extremadamente fino, de la cabra de Cachemira, especie que vive en ciertas partes elevadas e inaccesibles del mundo. La densidad y finura del pelo de estos animales les ayudan a atrapar una capa de aire caliente sobre la piel y a mantener la temperatura del cuerpo estable en un hábitat montañoso frío. Cuando se teje el hilo para fabricar mantas, cha-

les o prendas de vestir, se obtiene un material que proporciona un calor casi ingrávido. El cachemir es caro pero, a diferencia de otros lujos más banales, no lo es porque sí: su elevado precio está perfectamente justificado. Se podrían criar cabras de Cachemira en lugares menos remotos para reducir los gastos de transporte, pero no serviría de nada, porque las cabras no producirían su capa interior fina y aislante si la altitud fuera menor. El hilado de estas delicadas fibras es un proceso relativamente complicado que también resulta más caro que el hilado de la lana de oveja, por ejemplo. El cachemir nunca será barato, pero es uno de esos lujos que bien vale la pena el gasto.

El cachemir no puede ser considerado como algo esencial, pero mucha gente podría ser más estricta a la hora de elegir otras telas y materiales para su hogar. La calidad de la ropa de cama tiene una mayor importancia para el confort. Hay cosas con las que sólo entramos en contacto un par de veces al día, como las cortinas o los manteles, pero casi una tercera parte de la vida transcurre entre las sábanas y el edredón. Puede que la ropa de cama hecha de fibras naturales sea más cara que la de fibras sintéticas y más difícil de lavar y de planchar, pero la diferencia de precio es insignificante en comparación con la diferencia de confort. Desde luego, la gente no compra materiales sintéticos simplemente porque son más baratos sino porque no necesitan muchos cuidados. Pero si comparamos el poco tiempo adicional que se necesita para mantener la ropa de cama de puro algodón o lino con el considerable grado de placer que proporcionan durante las horas de su uso, la balanza se inclina claramente en su favor.

Desde la Edad Media hasta la mecanización de la producción de algodón, toda la ropa de cama estaba hecha de lino, al igual que los manteles, las camisas y la ropa interior. El lino se obtiene de la planta del mismo nombre, que se cultiva ampliamente en el norte de Europa. La fibra, procedente del interior de la corteza, es muy recia, duradera y resistente. Al igual que todos los materiales naturales, el tejido posee unas buenas cualidades «transpirables», lo que significa que deja respirar a la piel. Ello se pone de manifiesto a través de una sensación de frescura y sequedad en la piel, puesto que el lino absorbe la humedad con tanta rapidez como la elimina. Las sábanas de lino viejas son aún mejores que las nuevas, puesto que la tela se vuelve más suave con cada lavado. El lino es caro en comparación con otras fibras, puesto que la preparación de la planta es un proceso complejo. También influyen en el precio las características básicas de la fibra, siendo Bélgica e Irlanda los países que producen una mejor calidad.

El algodón puro es más asequible y casi tan agradable al tacto como el lino. Al igual que éste, el algodón tiene una larga historia, y ya era conocido por las civilizaciones egipcias, indias y chinas. En la actualidad, su cultivo se ha extendido a las zonas climáticas cálidas o calurosas de todo el mundo, y una parte importante de la producción mundial procede de Estados Unidos. Una de las características más apreciadas de las prendas de algodón es que esta fibra también respira, permitiendo que el aire circule cerca de la piel, lo que la convierte en un material fresco y cómodo tanto para la confección de camisas como de sábanas.

El algodón se fabrica con las fibras de la cápsula o el fruto de la planta homónima. Cuando la cápsula madura y se abre, libera las semillas envueltas en una borra fibro-

Para los habitantes de los países septentrionales, las camas envueltas en ropajes transparentes son tremendamente románticas. Este tratamiento se emplea en las regiones tropicales con fines prácticos. El algodón fino y ligero, como la muselina, se utiliza a menudo para la confección de mosquiteras, pero, al mismo tiempo, permite que el aire circule en las noches calurosas y húmedas.

Los tejidos apelan a nuestra naturaleza sensual. Las telas suntuosas como el terciopelo o el brocado son hermosas a la vista y agradables al tacto pero, como ocurre con el cuero, pueden ser abrumadoras si se abusa de ellas. Sin embargo, aportan una dimensión especial adicional de confort como elementos de énfasis, es decir, en forma de fundas de cojín, tapizados o fulares.

sa. Estas borras se recolectan, secan, lavan y prensan en balas para el hilado. La calidad del algodón viene determinada por la longitud de la fibra. El algodón de mejor calidad es el fabricado con fibras largas, como *Gossypium barbadense* y el de Egipto, el cual se puede tejer para obtener un material lo bastante ligero para la confección de camisas de vestir finísimas o lo bastante recio para la fabricación de velas para navegar. El algodón de fibras cortas se cultiva principalmente en Asia, y con él se fabrican tejidos más bastos y menos duraderos como la muselina, la guinga y el madrás. La mayor parte del algodón se teje a partir de fibras medianas. El algodón estadounidense entra dentro de esta categoría. Tal vez, la ingeniería genética permita hacer las fibras más largas.

Tanto si son de origen animal como vegetal, las fibras naturales poseen unas características innatas que ayudan a mantener la temperatura del cuerpo estable, ni demasiado alta ni demasiado baja. Lo mismo cabe decir de otros tipos de materiales naturales utilizados en los interiores: los suelos de piedra en climas cálidos o las alfombras gruesas en invierno templan lo que de otro modo serían unas condiciones extremas y hacen los lugares habitables. En este aspecto, los productos sintéticos suelen fracasar estrepitosamente, como puede corroborar quien haya pasado una noche sudando o tiritando bajo unas sábanas de nailon. El sentirse relajado o a gusto en la propia piel depende del grado de confort básico que nos rodea.

Como ha señalado recientemente Pamela Johnson, crítica de la Universidad de East Anglia, a un nivel más emocional, los artículos textiles pueden tener un efecto calmante relacionado con la naturaleza reiterativa del proceso de fabricación, tanto si se trata de tejidos como de labores de punto: «El proceso reconfortante se traduce en un objeto reconfortante». Reconfortante es precisamente la palabra adecuada para describir la sensación de deslizarse entre unas sábanas de algodón frescas y limpias o de extender una cálida manta de lana sobre las piernas en una noche fría. La suavidad también es reconfortante: estamos instintivamente abocados a las superficies tan suaves como la piel.

Los tejidos pueden despertar respuestas apasionadas. Min Hogg, editora de *The World of Interiors*, es una admiradora de la calidad de distintos materiales. Ella cree que las telas personifican «toda la gloria de la capacidad del hombre para crear cosas», refiriéndose a las disciplinas de distintas técnicas, desde la ingeniería industrial hasta la artesanía. Nada le proporciona tanto placer como el sonido que hacen las telas, lo que se siente al tocarlas o el modo en que la luz incide sobre una pieza arrugada de tafetán, por ejemplo. Del mismo modo que unas sábanas limpias provocan «un estremecimiento de placer», recomienda que todas las colchas y cortinas se puedan lavar a máquina.

Yo empecé mi carrera como diseñador textil, y en un libro que escribí sobre ese tema sostenía que «el diseño satisface dos necesidades humanas, por cuanto puede ser tanto estimulante como tranquilizador». En lugar de «diseño» podría haber emplea-

Nuestra percepción del confort alcanza su máximo nivel cerca de la piel, lo que significa que la elección de la ropa de cama es importantísima. Los tejidos naturales, como el algodón, el lino y la lana, son infinitamente más agradables que sus equivalentes sintéticos, y vale la pena invertir un poco más de dinero y tiempo en ellos. La calidad es importante, tanto si es un amante de los edredones o un fanático de las sábanas y las mantas. Los detalles inmaculados, como los cierres de botón, confieren finura.

do la palabra «textura», puesto que en el contexto de las prendas textiles, ambos elementos a menudo son intercambiables. Para ser diseñador textil hay que entender cómo está tejida una tela, y esto es tanto más importante cuando la superficie presenta un diseño tejido en vez de estampado. A la hora de diseñar una nueva colección de ropa de cama, por ejemplo, el proceso se puede iniciar sobre el papel pero, como en el caso de un prototipo de sofá, el problema está en transformar una idea bidimensional en algo parecido al objeto real. En el caso de una tela diseñada para ser tejida con franjas de colores, esta fase crucial puede consistir en imitar el diseño de colores «enrollando» de forma alternativa hilos o hebras en torno a una tira de espuma o cartón. Esta parte del proceso de diseño proporciona la dimensión inexistente en el tablero de dibujo: la del tacto.

Existe una estrecha relación entre los materiales con que nos vestimos y los que empleamos para vestir nuestro hogar: lo explicaría el cariño que inspiran. La tapicería de un sofá o de una silla puede estar bien ajustada y entallada o suelta y carente de estructura, mientras que detalles tales como fundas de cojines pueden considerarse el accesorio de moda del vestuario de la casa, ya que proporcionan un toque de color o contraste de texturas. La metáfora de las prendas de vestir se puede emplear con un sentido casi literal: las fundas de cojín de punto sujetas con botones de cuerno están inspiradas en el jersey de lana que guarda en un cajón. Un cobertor de terciopelo dévoré no es más que un ejemplo a mayor escala de lo que se puede envolver alrededor de los hombros. Los pantalones y los cojines de ante se venden simultáneamente en las tiendas y comparten el mismo caché de moda. Probablemente, nos sentiríamos abrumados por estos materiales si abusáramos mucho más de ellos (el cubrir todas las sillas, camas y ventanas con ante o terciopelo, sería una auténtica barbaridad, a no ser que estuviera diseñando un burdel), pero como pequeños «toques» aportan un sentido de vitalidad y, tal vez, una insinuación de erotismo.

En lo que al tacto se refiere, la superficie que, potencialmente, ofrece el mayor grado de contacto diario es el suelo. Caminamos, nos sentamos y ganduleamos sobre él. Es la primera superficie que nos encontramos al salir de la cama o del baño. Los niños andan a gatas y juegan sobre él. Incluso con la protección de los zapatos, el suelo puede proporcionar una dimensión de

Las distintas texturas de los tejidos pueden indicar cómo van a comportarse en la práctica. El pelo grueso de una toalla se impregna de la humedad de la piel. Asimismo, las muescas de las balletas son lo que hace que sean tan absorbentes. Manténgase alejado de las toallas de mala calidad, porque, a pesar de que pueden parecer compactas y pesadas al comprarlas, muchas de ellas han sido tratadas con agentes para realzar el volumen, los cuales desaparecen tras el primer lavado.

textura, un interés que se desarrolla todavía más al combinar distintos materiales: ladrillo y madera, piedra y alfombras, pizarra y mármol. Pero el encanto visual ofrecido por la variedad de texturas no es igual que el placer del tacto. Las alfombras hechas de fibras vegetales naturales, como el sisal y la fibra de coco, pueden parecer llenas de personalidad a primera vista, pero no son nada cómodas, y si no pregúntele a un niño. Sin embargo, en las culturas orientales, como la japonesa, donde es costumbre caminar descalzo dentro de casa y la vida suele desarrollarse al nivel del suelo, se presta una mayor atención al confort del suelo. Las esteras *tatami* lisas y elásticas, hechas de juncos delgados, son lo bastante resistentes para sentarse y dormir encima de ellas y lo bastante delicadas para llevar calcetines de media.

Andar descalzo o con calcetines de media es una de las experiencias más relajantes que conozco. A pesar de que en Occidente solemos llevar los zapatos puestos la mayor parte del tiempo, desde luego merece la pena preocuparse por que el pavimento sea agradable y cómodo, al menos en aquellos lugares en los que solemos pisar el suelo con los pies descalzos. Una forma de sentir placer desde los pies es colocar una alfombra o estera al lado de la cama, una alfombrilla de corcho o de tablas de madera junto a la bañera, azulejos de mosaico en la ducha o losas desgastadas en una terraza soleada.

El tacto nos pone en contacto con el mundo físico. Los materiales naturales ofrecen una gran variedad de experiencias táctiles que nos proporcionan placer sin que apenas nos demos cuenta pero que no por ello son menos importantes. La sensación del roce de algodón o lino en la piel o de piedra suave, mosaico o madera bajo los pies no se puede simular.

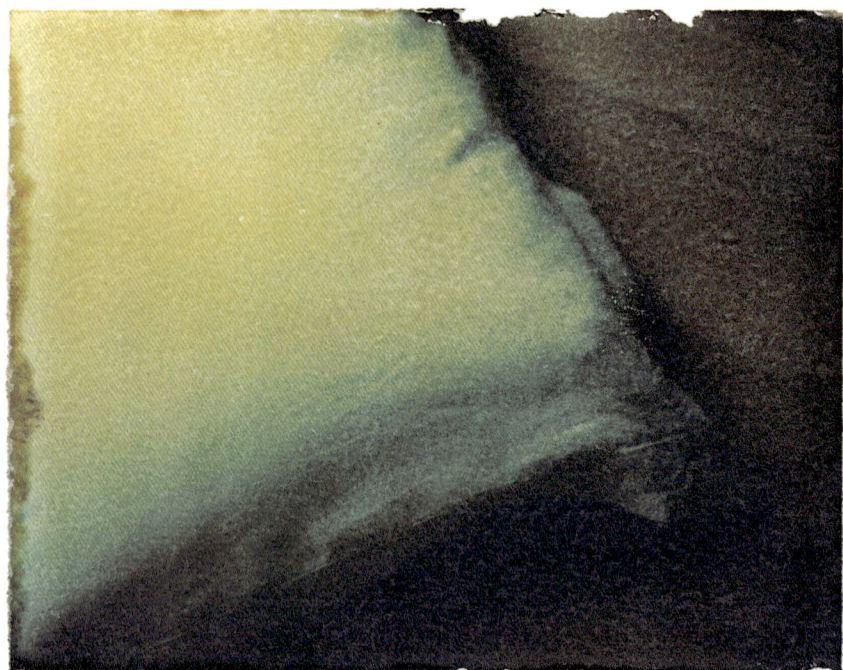

dormir

Como es sabido, Marilyn Monroe sólo se ponía Chanel Nº 5 para dormir, pero, aunque usted no vaya tan ligero de ropa debajo de las sábanas, la cama sigue siendo el lugar en el que somos más conscientes del confort o de la falta de éste. El cuento de hadas acerca de una princesa tan sensible que era capaz de detectar la presencia de un guisante debajo de capas y capas de colchones de plumas suele interpretarse como una parábola de la elegancia y el refinamiento, pero también puede servir para ilustrar cómo incluso las deficiencias más insignificantes en la comodidad del dormitorio pueden provocar noches de sueño agitado.

La falta de sueño es la vía más rápida hacia el derrumbamiento físico y mental, como puede corroborar todo aquél que acabe de ser papá o cualquier verdugo que se gane la vida con su profesión. Nuestro organismo necesita dormir para recargar sus reservas de energía, combatir la enfermedad y descansar los músculos y las articulaciones. Se podría decir que también necesitamos dormir para poder soñar, actividad durante la cual la mente se recupera de las experiencias del día. Una noche de insomnio (lo que en francés se denomina *une nuit blanche*, una noche en blanco) suele ser el preludio de una jornada desastrosa plagada de pequeños accidentes, falta de concentración y mal humor. En cambio, cuando se ha dormido bien se está preparado para emprender cualquier tarea, tanto física como mentalmente. El sueño es mucho más que la máxima expresión de la relajación.

Hay muchas cosas que pueden impedir conciliar el sueño por la noche: el ruido de los vecinos, el llanto de un bebé, el inminente vencimiento de un plazo, problemas sin resolver..., pero la cama no tendría por qué ser una de ellas. Una buena cama es esencial para el confort nocturno y la adquisición más importante de su vida. Desde luego, el diseño de la cama puede seguir la corriente de la moda, pero es una auténtica tontería gastarse un dineral en una cama de columnas con todos los accesorios correspondientes si el colchón es de mala calidad o el somier endeble. La calidad de una cama estriba en detalles más prosaicos de construcción y composición que no suelen detectarse a primera vista pero que resultan evidentes al tenderse sobre ella.

Siempre hay que tratar de comprar lo mejor que nos podamos permitir, especialmente a la hora de elegir una cama. Una buena cama (en concreto, un buen colchón) tiene que soportar el peso del cuerpo, proporcionar un apoyo blando para la columna vertebral y ser lo bastante resistente para adaptarse a los cambios de postura sin hundirse.

El confort marca la diferencia entre tener dulces sueños y pasar una noche de desasosiego. Si quiere tener un sueño reparador y sentirse bien durante el día, cómprese la mejor cama y el mejor colchón que se pueda permitir.

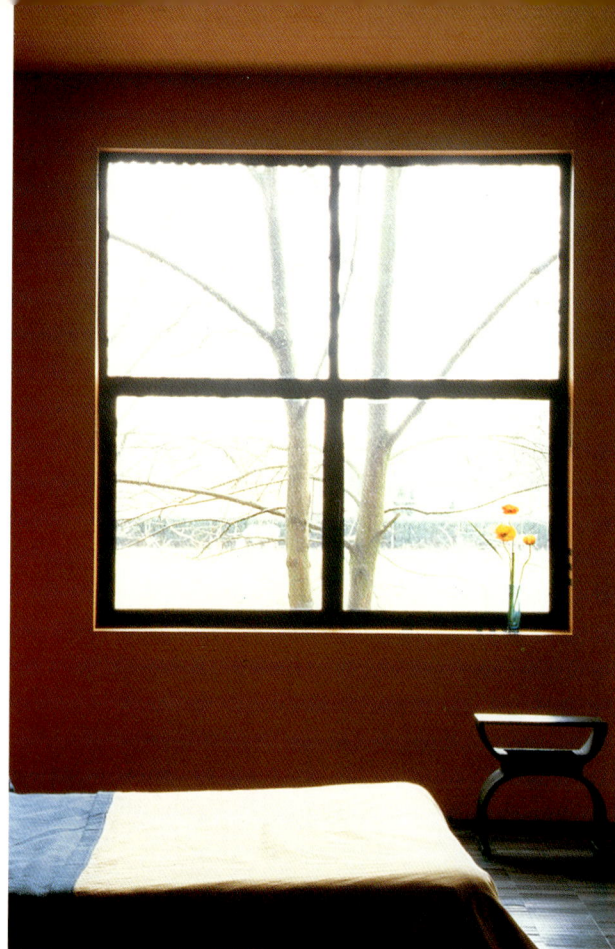

Los gustos de las personas difieren bastante en lo referente a la blandura o la dureza de una cama, pero, en términos prácticos, el abanico es bastante reducido. Si el colchón es demasiado duro y muy poco flexible, forzará al cuerpo a abandonar su alineación natural. Si es demasiado blando, su propio peso le obligará a permanecer en la misma postura toda la noche. En ambos casos, la consecuencia serán calambres, rigidez en las articulaciones y dolor en los músculos o, lo que es peor, problemas de espalda persistentes. Incluso puede que otra persona con una altura, peso y patrón de sueño diferentes tenga unas exigencias mucho mayores. Un buen colchón no tiene que ser un balancín que siempre se inclina por el lado que soporta más peso. Además, tiene que estar revestido de un material resistente hecho con fibras naturales, como cutí, para que el aire pueda circular y favorecer la absorción de la humedad.

La calidad de un colchón viene determinada, principalmente, por el método de construcción. Los colchones de mejor calidad y más caros se componen de muchos muelles individuales que forman bolsas de aire. Como el movimiento de cada muelle es independiente, el colchón sólo cede allí donde recibe el peso, proporcionando el confort óptimo cuando son dos las personas que comparten la cama, lo que resulta especialmente de agradecer cuando el peso de ambas es muy distinto. Otro tipo de colchón de muelles consiste en una trama o espiral de muelles continua: cuanto más densos son los muelles, tanto mejor es la calidad. El grosor, el confort y, por consiguiente, la calidad de los colchones de espuma, especialmente diseñados para ser utilizados con somieres de muelles, también varía.

Normalmente, las personas se pueden dividir en dos categorías según sus hábitos de sueño: gallinas y búhos. Aunque le guste dormir hasta tarde en una habitación oscura, las ventanas son esenciales para que pueda circular el aire fresco. En muchos países, una habitación no se considera «habitable» si no tiene una ventana. Las contraventanas impiden casi por completo el paso de la luz (extremo izquierda), mientras que si no quiere que la luminosidad de primera hora de la mañana le deslumbre tiene que colocar la cama de modo que la luz incida sobre los pies (izquierda). Una habitación con amplias vistas al mar y al cielo es ideal para las personas a las que les gusta madrugar (inferior).

Asimismo, existen grandes variaciones en el relleno y la calidad de las almohadas. Elija la que proporcione el mejor apoyo para la nuca y la cabeza. Las almohadas de plumón son las más caras y blandas. Las mezclas de plumas y plumón o sólo de plumas son más flexibles. Las plumas de ganso y de pato son rizadas, lo que confiere a la almohada una elasticidad adicional. Las almohadas de fibra sintética o espuma son aconsejables para las personas alérgicas.

Por desgracia, los colchones no mejoran con el tiempo, a diferencia de otros objetos adquiridos por su calidad. Voltear y girar regularmente el colchón ayuda a repartir el desgaste uniformemente y, además, es esencial ventilarlo de vez en cuando. Aun así, todos los colchones tienen una vida limitada que normalmente no supera los diez años. Las almohadas duran todavía menos, y hay que cambiarlas cuando se vuelven flojas y hundidas.

La ropa de cama es tan importante como la base. Como ya se ha mencionado anteriormente, las sábanas y los cubrecamas fabricados con fibras naturales crean una zona templada sobre la piel, una reconfortante combinación de sequedad, frescura y suavidad. Pero el cuerpo también necesita calor, y aquí es donde entra en escena la cuestión de las mantas y el edredón. En cierto modo, puedo atribuirme el mérito de haber introducido el edredón en los hogares británicos: los primeros «nórdicos» se vendieron en Habitat en 1964. Desde entonces, la mayoría de los británicos han superado

La cama es un espacio privado que puede hacernos sentir vulnerables; para sentirnos más seguros podemos recurrir a algún tipo de cercado o insinuación del mismo. Las colgaduras sencillas, como una mosquitera colgada del techo, pueden crear una atmósfera muy especial, incluso en los climas fríos (superior). **La luz del sol irrumpe sobre esta cama colocada al abrigo de una ventana** (izquierda). **En un espacio de techos altos, la posición de la cama junto a la escalera crea una sensación de intimidad** (derecha). **La cama nido es una de las distribuciones más atractivas** (extremo derecha). **Los paneles machihembrados y una práctica repisa conforman una acogedora alcoba.**

El artesonado, las vigas y las columnas de esta buhardilla reformada crean puntos naturales de demarcación entre diferentes zonas.

sus recelos iniciales y han reconocido las considerables ventajas prácticas del edredón. El edredón, que es cálido, ligero y evita perder el tiempo haciendo la cama, prácticamente ha perdido el «carácter extranjero» de sus orígenes para convertirse en un elemento básico de la casa. Los mejores edredones, disponibles en distintas densidades o «capas» según el grado de calor deseado, deben sus magníficas características aislantes a plumas auténticas y/o plumón y no a fibras sintéticas. Sin embargo, los gustos son bastante volubles, y actualmente los omnipresentes edredones conviven con un resurgimiento de la afición por las anticuadas sábanas y mantas por parte de los esclavos de las modas o de aquéllos lo bastante afortunados para que alguien les haga la cama. Se trata, tal vez, de la consecuencia de un confort más subjetivo que real.

No obstante, la cama no es tan sólo un lugar confortable para dormir. También puede intervenir un cierto sentido nostálgico, como revela la división entre manta y edredón. La cama es el dominio personal fundamental. De hecho, constituye nuestro primer espacio privado. El apego que sienten muchos niños hacia su propia cama, a pesar de sus pocas ganas de irse a dormir, es profundamente territorial, y este sentido de refugio o instinto de nido persiste hasta la edad adulta. Tanto si preferimos acurrucarnos bajo el edredón o usar sábanas, además del descanso meramente físico la cama proporciona un confort psicológico y emocional. Ello explicaría por qué comer, leer, pensar e, incluso, trabajar en la cama son caprichos tan agradables.

Esta amplia dimensión del confort se puede realzar (o echar a perder) a través de la decoración, los muebles y la iluminación del dormitorio. El dormitorio, que al igual que el baño se caracteriza por una pieza dominante del mobiliario, suele estar presente incluso en los espacios de planta abierta. La delimitación del recinto y la separación física de otras actividades no sólo suministran la privacidad deseada para los momentos íntimos sino que también ofrecen un sentido de seguridad cuando nos sentimos más vulnerables.

Un factor crítico es dónde se coloca la cama. Como siempre, el *feng shui* tiene una respuesta para esta cuestión, a saber, que la cama tiene que estar situada con la cabecera contra una pared para garantizar la solidez, la estabilidad y la seguridad, y orientada hacia la puerta o entrada, pero no directamente alineada con ésta (en el *feng shui*, una cama encarada directamente hacia una puerta abierta no es mucho mejor que un ataúd a punto de ser bajado por las escaleras). Desde un punto de vista más prosaico, es conveniente colocar la cama de modo que haya mucho espacio libre a su alrededor para evitar la frustración que produce el hecho de que hacer la cama se convierta en una carrera de obstáculos y permitir un acceso fácil a ambos lados de la cama.

Hoy en día ya no hace falta recurrir a colgaduras pesadas para proporcionar calor, pero incluso una tela ligera puede transmitir sensación de recogimiento.

Naturalmente, el *feng shui* también tiene mucho que decir sobre la orientación, es decir, hacia qué punto cardinal debe estar orientada la cama. Se recomienda el sur para la fama, el norte para el éxito en los negocios, el este para una vida familiar feliz, etc. (No queda muy claro lo que hay que hacer si se desea conseguir todos estos objetivos, tal vez colocar la cama sobre un pedestal giratorio). Para mí, la cuestión de la orientación tiene una mayor importancia desde el punto de vista de la calidad de la luz. Una habitación orientada al este, por ejemplo, recibe el sol de primera hora de la mañana: la luz del alba constituye una forma más apacible y natural de despertarse que el zumbido de un reloj despertador.

El control de la luz en el dormitorio tiene una importancia mucho mayor de lo que podría parecer en un primer momento, puesto que gran parte del tiempo transcurre durante las horas de oscuridad. Sin embargo, en las zonas urbanas, la luz arrojada por las farolas impide que la oscuridad sea total, y se hace imprescindible alguna forma de protección. Por otra parte, la luz matinal crea una atmósfera de optimismo inherente, por lo

que no suele ser bueno que la habitación esté completamente a oscuras. Las cortinas o persianas que filtran la luz en vez de impedir totalmente su paso constituyen un punto intermedio. Por lo que a la iluminación artificial se refiere, es fundamental evitar ser deslumbrado por una lámpara central situada en el techo. Si bien esto ya resulta bastante molesto en una sala de estar, la sensación es doblemente fastidiosa cuando nos hallamos en posición supina. Asimismo, los dormitorios deben estar bien ventilados. El aire fresco es tan importante como una correcta iluminación para crear unas condiciones revitalizantes y reposadas. La amortiguación de los ruidos también es un factor a tener en cuenta, especialmente si vive en una ciudad bulliciosa, pero también si su casa está en el campo, ya que puede haber algún gallo que le despierte antes de lo previsto.

Una cama cómoda, una iluminación sutil y una suave corriente de aire son los ingredientes básicos para un sueño tranquilo y para ese fugaz momento en que nos hacemos los remolones hasta que nos levantamos. Pero, a pesar de su nombre, el dormitorio a menudo alberga diversas funciones y toda

la parafernalia que éstas conllevan: actividades que pueden mermar el ánimo contemplativo.

Le Corbusier, que como recordará era suizo, tenía una opinión muy clara sobre este tema, al igual que sobre otros muchos: tiene fama de haber denunciado el hábito de guardar la ropa en el dormitorio, práctica que él consideraba antihigiénica. Puede que su punto de vista muestre una actitud bastante celosa de la higiene personal, pero también hace alusión al potencial de conflicto. Si bien dudo que vestirse en el dormitorio comporte algún riesgo para la propia salud, sí que comporta el sacrificio de una parte importante del espacio disponible para guardar la ropa. El mobiliario tradicional destinado a este fin, como los armarios roperos y las cómodas, devoran espacio y se convierten en obstáculos adicionales en una habitación en la que la cama ya ocupa una cantidad considerable de la superficie útil. Los sistemas abiertos como los rieles para colgar la ropa y las estanterías empotradas pueden constituir una intrusión física menor, pero el efecto global suele ser como dormir en una tienda. Si va a compartir el espacio del dormitorio

con su vestuario, lo mejor es dotarlo de armarios y otras formas disimuladas de almacenamiento que proporcionen un fondo ininterrumpido. O, mejor aún, tome prestado un poco de espacio de otro lugar (un rellano, un cuarto de baño o un vestíbulo) y construya un vestidor en el que pueda organizar su ropa de forma metódica.

Hace poco, Min Hogg ha puesto en práctica una de sus «teorías del espacio», convirtiendo en un vestidor lo que había sido, en distintos momentos, un comedor y un cuarto de invitados. Lo que a primera vista puede parecer un sacrificio de espacio radical y casi caprichoso tuvo un efecto absolutamente beneficioso: ella sostiene que el cambio que ha experimentado su vida es «una maravilla». Sus vestidos, bolsos, zapatos y fulares siguen guardados todos juntos, pero ahora puede cerrar la puerta y, si se desordenan, tan sólo necesita unos segundos para volver a ordenarlos según su criterio. Sin embargo, según ella, la mayor ventaja es que al trasladar todo ese desorden a otro lugar el dormitorio se ha transformado en una habitación más «habitable».

Los detalles tales como los toques de color, el grado de iluminación adecuado o las superficies para dejar vasos de agua o libros, son tan importantes en el dormitorio como en el resto de la casa.

baño

No hay duda de que el agua es terapéutica, y parte del placer reside en su contacto directo. Esta **ducha mínima** (extremo derecha), diseñada por Claudio Silvestrin, es poco más que un chorro de agua colocado en un panel de piedra, lo que reduce el baño a lo simplemente esencial.

El baño, por encima de todas sus virtuosas características, tiene mucho más de placer y confort que de funcionalidad. Hoy en día, cuando la ropa se lava en la lavadora o en seco y los empleos son de cuello blanco, pocos de nosotros nos ensuciamos visiblemente tal y como hubiera ocurrido siglos atrás, cuando se trabajaba en el campo o se realizaba cualquier otra forma de duro trabajo manual. Del mismo modo que la aparición de aparatos domésticos como la aspiradora aumentaron nuestras expectativas sobre lo limpia que puede llegar a estar una casa, el agua corriente, la fiabilidad de los desagües y el agua caliente ilimitada han ampliado nuestros estándares de higiene personal. Nunca fue tan fácil mantenerse limpio, pero, en realidad, eliminar frotando la suciedad de un duro día de trabajo ante la terminal de un ordenador ha quedado en segundo plano frente al placer absolutamente sensual de un baño caliente o la acción revigorizante para la mente de una ducha. En la actualidad, casi todos nos bañamos principalmente para eliminar nuestras preocupaciones; la limpieza es algo tácito.

El agua tiene un poderoso encanto. Nadar en el mar, darse un pequeño chapuzón o, simplemente, dejar pasar el tiempo en una barca, son el objetivo principal de muchas vacaciones. Esta fascinación podría tener sus orígenes en el presunto nacimiento de la vida en los océanos primitivos o no más allá del útero materno, pero el agua es un medio que nos proporciona tanto un instintivo placer como un efecto absolutamente terapéutico.

Por eso resulta extraño que, si bien recorremos distancias considerables en busca de balnearios, playas y establecimientos de aguas termales, el cuarto de baño, el cual nos ofrece un acceso inmediato a este tipo de delicias elementales, es con frecuencia una de las zonas de la casa menos satisfactorias. Hasta hace muy poco, los términos frío, clínico y estrecho hubieran correspondido a una descripción exacta de muchos baños británicos. Esta estética tan sucinta tal vez era un reflejo de una timidez frente a las funciones corporales, unida a cierta sospecha puritana del bienestar. Supongo que ello no era de extrañar en una sociedad educada para creer en el valor moral de la ducha fría. Sin embargo, existen signos alentadores de que se está produciendo una cierta revaloración del baño. Como muchas de las variaciones en el modo de ver nuestros hogares, este cambio de actitud ha tenido mucho que ver con el creciente contacto con un mundo más amplio.

Recuerdo con claridad la experiencia de bañarse en un hotel de Positano, en Italia. La ventana del cuarto de baño tenía vistas al mar, lo que ya era bastante agradable, pero la parte inferior de la ventana estaba adornada con una pecera de vidrio. Así pues, al sentarse en la bañera, a la altura de los ojos se tenía esta increíble vista de agua, con el pez en la pecera fundiéndose casi imperceptiblemente con el mar azul. El efecto excedía con creces la aleatoria colección de conchas o la muestra de reliquias marinas que suelen ser la expresión más típica de inspiración junto al mar y captaba mucho mejor el ambiente del entorno.

Esta experiencia fue única y específica. Otras influencias de inspiración pueden venir del contacto con las costumbres de aseo de diferentes culturas. La sauna escandinava, el baño turco, el jacuzzi japonés o la bañera caliente californiana muestran enfoques muy distintos de la relajación y/o la higiene, pero su denominador común es un disfrute en cierto modo desinhibido, por no decir comunal, del agua, el vapor o el calor. A pesar de que no es necesario y de que, además, la instalación de los equipos y accesorios adecuados en casa está fuera del alcance de la mayoría por motivos económicos o de espacio, vale la pena emular la actitud básica.

Los placeres del baño se multiplican cuando el emplazamiento permite un vínculo con el mundo exterior. En un clima cálido, la fresca brisa que atraviesa puertas abiertas y una vista del seductor jardín constituyen unos de los mejores aspectos de ducharse en el exterior, y la antítesis de un espacio pequeño como una celda con sus connotaciones punitivas.

Por supuesto, el primer paso consiste en crear un entorno agradable para pasar tiempo en él. El desafío reside en conseguirlo dentro de unos límites muy reales y prácticos. El cuarto de baño clínico, con su irritante preocupación por los gérmenes y los olores, suele ser un lugar repelente donde nadie desearía quedarse demasiado, pero, al menos, su funcionalismo al estilo de un laboratorio permite mantenerlo en un estado impecable. En el extremo opuesto, los cuartos de baño amueblados y recargados más bien como una sala de estar en miniatura acaban siendo incompatibles con las actividades propias de ese espacio: alfombras empapadas, olores persistentes, hongos y paredes con manchas de humedad no ayudan a crear un entorno relajado. Además, los cuartos de baño engalanados y formales pueden parecer escenarios más bien peculiares para una actividad que nos exige estar desnudos.

En algún punto entre estos dos extremos se sitúan los cuartos de baño cuyo diseño se basa en la mezcla armónica de materiales. Las combinaciones de piedra, mosaico, cerámica, vidrio, metal o entarimado machihembrado presentan un buen comportamiento desde el punto de vista funcional y despiertan constantemente el interés por sus evocativos contrastes de textura, interés que se ve acentuado cuando nos despojamos de la ropa. Los cuartos de baño donde los materiales hablan por sí mismos ofrecen un modo de retornar a los orígenes básicos, seguramente uno de los principales atractivos del baño.

En lo que se refiere a la planificación, sea tan generoso con el espacio como le sea posible. Piense en la calidad deliciosamente sibarita del cuarto de baño de un buen hotel. Un cuarto de baño amplio y una gran bañera relajan el espíritu y liberan la mente para soñar despierto de forma creativa, otro de los placeres del baño. Asimismo, una zona amplia nos ofrece flexibilidad en la distribución, de forma que la bañera se puede colocar más libremente, o bien con su cabecera contra la pared o bien completamente alejada de ésta y alineada para aprovechar una buena vista. Una mayor cantidad de espacio permite separar mejor las actividades que un baño de dimensiones reducidas, el cual con frecuencia sólo puede estructurarse de una sola manera, con el inodoro, la bañera y el lavabo en un apretado grupo que resulta tan constrictivo física como psicológicamente. Además, en un cuarto de baño grande ello significa que existe espacio entre estos sanitarios indispensables para otras piezas de mobiliario como cofres, sillas o estanterías in-

Si el cuarto de baño es espacioso, con frecuencia puede ser una buena idea colocar la bañera de forma que quede separada de la pared, dejando espacio libre alrededor. Las vistas también son importantes, así como la presencia de ventanas que se puedan abrir para dejar pasar la luz y el aire, o incluso un cálido rayo de sol.

dependientes, que hacen tan acogedor un cuarto de baño. Pero si se dispone de un espacio muy limitado, recuerde que cada centímetro adicional del área total puede significar una gran diferencia cuando se trata de ajustar los planos. Una puerta de entrada retirada unos centímetros hacia un vestíbulo puede proporcionar justo ese recodo de más en el lavabo, por ejemplo, para hacer más manejable la distribución.

El feo término comercial de «sanitarios» sirve para designar todos los accesorios funcionales de un cuarto de baño estándar, cuya forma básica ha cambiado muy poco en el cerca de un siglo desde la muerte de Thomas Crapper, el «emperador victoriano del urinario». No hay nada malo en estos accesorios, siempre que sean de una calidad y un tamaño decentes y, naturalmente, blancos, pero estéticamente ofrecen poco más que la comodidad de lo esperado. Más recientemente, han aparecido nuevos diseños que ofrecen un enfoque más versátil y escultural de esta cuestión. Lavabos en voladizo en vidrio o metal, pilas que exponen provocativamente la fontanería, bañeras lisas y brillantes y aerodinámicas o de gran capacidad e independientes representan toda la gama estilista desde lo minimalista a lo expresivo, mientras que los últimos avances tecnológicos ofrecen duchas o grifos que permiten, a través de la fibra óptica, convertir el chorro de agua en un espectacular juego de luz. Incluso existen inodoros japoneses que lavan el trasero con agua caliente y lo secan con chorros de aire. Una localización poco habitual puede ser suficiente para crear una

provocativa sensación de sorpresa, por ejemplo, una bañera hundida en el suelo.

Uno de los cuartos de baño más lujosos de la ficción es el que se describe en la novela *The Diamond As Big As The Ritz*, de F. Scott Fitzgerald. En él también aparece una bañera hundida, y el personaje principal, John T. Unger, es impulsado hacia ella desde una cama basculante a través de una rampa acolchada que conduce al cuarto de baño contiguo: «... a lo largo de las paredes de la estancia y de los lados y el fondo de la bañera misma había un acuario azul, y mirando a través de la superficie de cristal sobre la que descansaba, pudo ver peces nadando entre luces ambarinas y deslizándose con la misma falta de curiosidad por delante de los dedos extendidos de sus pies ...». El ambiente sensual se intensifica con fuentes que dispersan agua de rosas caliente, ruedas de paletas que remueven la espuma de la superficie, una «máquina de imágenes móviles» y flautas ambientales «que tocaban una melodía que recordaba al sonido de una cascada». El baño de Unger finaliza con una ducha fría de agua salada y un masaje con «aceite, alcohol y especias».

La piel mojada pierde rápidamente el calor, por lo que las toallas y alfombras gruesas y grandes para absorber la humedad son una parte vital de la comodidad del cuarto de baño.

El tobogán de agua de Ahmadabad, India, diseñado por Le Corbusier, conecta la plataforma-dormitorio de verano, situada en el tejado de la casa, con la piscina del jardín (páginas anteriores).

El lujo de este baño imaginario reside en tenerlo todo hecho. Le Corbusier diseñó una solución ligeramente más práctica para la familia de unos amigos míos en Ahmadabad, en la India. El matrimonio le contrató para que construyera una casa, y el arquitecto preguntó a los dos hijos de aquél cómo les gustaría bañarse por la mañana. Dijeron que desearían rodar desde la cama hasta una piscina grande y fría. La solución de Le Corbusier fue construir una larga rampa de terrazo, lubricada por el constante flujo de agua, que iba desde la plataforma-dormitorio de verano del tejado hasta la piscina del jardín de abajo. Es la forma perfecta de empezar el día en el calor de la India.

Los recientes diseños de cuartos de baño de Philippe Starck, basados en las arquetípicas formas del balde y la artesa, no tienen como objetivo acabar con los convencionalismos ni inducir un sentimiento de lujo consentido. Por el contrario, su propósito es que redescubramos el carácter directo de la experiencia y recordarnos aquellos actos simples como inclinarse para coger agua con las manos o verter sobre el propio cuerpo una jarra de agua, algo similar a aquellos momentos sencillos e inconscientes de intimidad que se pueden ver en los cuadros de Degas y Bonnard. Tal vez, la premisa básica es que, al obtener agua de un grifo, la fontanería de alguna manera nos aleja de la verdadera espontaneidad que el baño es capaz de ofrecer.

Como pasa con el sueño, el baño es una actividad en la que la comodidad es importante tanto antes como después de la misma, así como durante la propia actividad. Las toallas o el albornoz calentados en un toallero, los suelos antideslizantes o la abundancia de toallas para absorber el agua del cuerpo son tan importantes para un baño agradable como la temperatura correcta del agua. La piel húmeda se enfría rápidamente y es más sensible a la abrasión por texturas ásperas, y es por eso que la calidad de las toallas de baño es tan importante. La felpa no es tan absorbente como habitualmente se piensa, es-

Un cuarto de baño de una tienda reformada de Bruselas ofrece una agradable variación de lo esperado (superior): **la pila, colocada sobre un antiguo armario independiente, cajas y baúles de metal para guardar cosas y una bañera con pies de garra.**

Muchos cuartos de baño y aseos son necesariamente pequeños. Una pared cubierta de espejos multiplica la sensación de espacio (derecha). **Una habitación con vistas: esta bañera baja hundida en el suelo y oculta tras persianas y cortinas es el sitio perfecto para soñar despierto** (inferior).

pecialmente si se le ha dado un acabado aterciopelado. La tela de bayeta seca el agua mucho más rápidamente. Las toallas baratas, incluso las que ofrecen una sensación de suavidad, con frecuencia han sido tratadas con sustancias químicas para mejorar su textura, un acabado temporal que puede aumentar su resistencia al agua. Sin embargo, tras unos pocos lavados se hará obvia la baja calidad del producto.

Tradicionalmente, el cuarto de baño ha sido objeto de un falso lujo, con muebles coloreados, asientos de inodoro de caoba, grifos dorados y ostentosas duchas de cobre. Al mismo tiempo, la noción victoriana de que «el aseo nos acerca a Dios» ha dado un giro místico en los últimos años, con velas en los bordes de la bañera y aceites de aromaterapia que elevan toda la experiencia del baño a una especie de suprema comunión. Estoy totalmente a favor de los placeres sibaríticos de los jabones finos y las esencias, pero, para mí, el verdadero lujo del baño se encuentra en la sencilla simplicidad.

funcionalidad

Una vida confortable requiere una casa que funcione tan bien como atractivo sea su aspecto. Los objetos que funcionan correctamente y se adecuan a la función que les ha sido asignada, una infraestructura básica complaciente y bien planificada y un sentido natural del orden nos allanarán el camino. Naturalmente, una vida confortable podría significar contratar a alguien para que hiciera todo el trabajo por nosotros, pero como persona que realmente disfruta con lo que hace, prefiero pensar en ello como una manera de asegurarme de que el propio trabajo es un placer.

Una vida partida en dos, con los aburridos quehaceres domésticos por un lado y la diversión por el otro, me parece profundamente insatisfactoria. El verdadero placer va de la mano de la funcionalidad: una cocina funcional también será un lugar para la satisfacción creativa. Unos cuchillos, tenedores y vasos que funcionan como es debido y son agradables visualmente añaden alegría a la experiencia de comer y beber. Las tareas tediosas, que todos nos afanamos por eludir, no son simplemente un esfuerzo físico monótono, sino una inexorable lucha cuesta arriba donde las cosas constantemente se rompen, caen o se pierden y los materiales no dejan de rayarse.

A lo largo de este siglo, la mecanización ha sido considerada como la respuesta universal al problema del trabajo. Pero echar mano de la tecnología como un camino seguro para hacer la vida más fácil puede convertirse en un pacto con el diablo. Todo el mundo sabe que hay aparatos domésticos que requieren más tiempo para encontrarlos, montarlos, utilizarlos, limpiarlos y guardarlos que si se realiza directamente la tarea para la que han sido diseñados. Estos mecanismos que «ahorran trabajo» sólo lo hacen en el sentido estricto cuando se aprieta el botón o se conectan. Desde un punto de vista más amplio, pueden llegar a ser irritantes, consumidores de tiempo y difíciles de usar y mantener. Naturalmente, no sugiero que uno deba retroceder en el tiempo y sustituir el aspirador por el azotador de alfombras o lavar las sábanas a mano, pero existen muchas situaciones en que la acción más sencilla y directa sigue siendo la más fácil y agradable. En condiciones normales, un cuchillo bien afilado, por ejemplo, es mucho más eficaz que el procesador de alimentos con más accesorios, y cuando «falla» simplemente hay que volver a afilarlo, sin tener que releer el manual de instrucciones, salir a la caza de la pieza averiada, revisar la garantía o telefonear al suministrador, todo ello sólo para que nos digan que ese modelo ya no se fabrica y no puede repararse.

La tecnología que se supone debe ayudarnos con frecuencia puede dejarnos en la estacada. Recientemente, los periódicos publicaron una divertida historia sobre la primera noche de Bill Gates en su nueva y «elegante» casa. Una gran pantalla de televisión, programada para deslizarse fuera y dentro de una consola siempre que se desee, se negó tanto a esconderse como a desconectarse. Por desgracia, la pantalla se hallaba en el dormitorio y para poder dormir decentemente durante toda la noche la única solución fue echarle una manta por encima. No hay duda de que el 1 de enero del 2000, un minuto después de medianoche, nos encontraremos echando mantas por encima de muchos artilugios tecnológicos.

Cualquiera que se haya dejado llevar por una ira ciega ante una pieza estropeada, cuya avería es tan completa como misteriosa, reconocerá el sentimiento de frustración. Mi propio sistema central de calefacción es tan inteligente que cuando se estropea no puedo acceder a él ni hay manera de enfrentársele. Mi único recurso es telefonear al servicio técnico. Este tipo de situaciones me trae a la mente un comentario realizado en una ocasión por el presidente de la asociación de editores de Francia.

Ante el fracaso de una compleja presentación audiovisual, nos recordó a los que estabamos en la sala que «los libros no se estropean». En este sentido, la tecnología también puede tener un efecto distanciador, sustituyendo lo directo de la experiencia y el control por algo que requiere la intervención experta de terceras personas. Según mi opinión, uno de los componentes de una vida confortable consiste en rodearse sólo de tecnología de eficacia probada. El último grito puede estropearnos la vida.

En lugar de invertir en tecnología que echará a perder la diversión o dominará todas nuestras horas de vigilia, creo que es mejor perder algo de tiempo en pensar qué es lo que realmente necesitamos y la forma en la que queremos vivir. Por una parte, todo el mundo precisa un grado básico de funcionalidad, donde los servicios estén bien integrados, las tuberías y los cables queden escondidos, los controles se hallen colocados en la posición adecuada y los grifos no goteen o tengan fugas. Pero, por otra parte, lo que hace su vida más fácil y que su hogar funcione adecuadamente puede estar muy alejado de lo que les va bien a otras personas. Min Hogg, por ejemplo, insiste en que haya unas tijeras en cada habitación, a pesar del hecho de que vive en un apartamento y no en una casa de varios pisos. Para otros, puede ser importante tener siempre a mano lápiz y papel o no estar nunca lejos de un enchufe para poder conectar el ordenador... La vida confortable descansa sobre el principio fundamental de adecuarla a uno mismo.

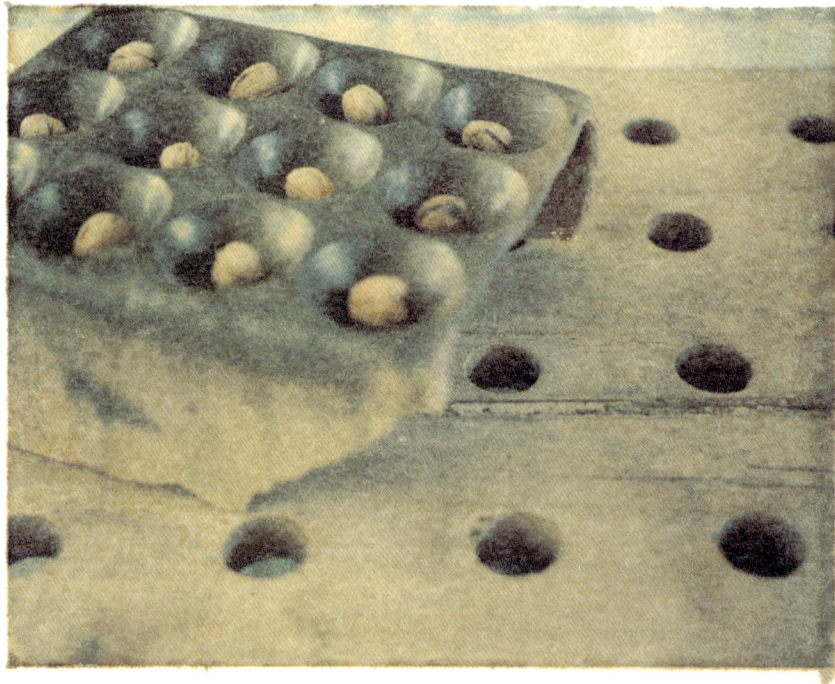

orden

La vida atrae al desorden con la misma infalibilidad que un buzón atrae al correo comercial. Podemos empezar con una estantería relativamente pulcra, pero en un espacio de tiempo terriblemente corto nos encontraremos compartiendo nuestro hogar con innumerables detalles irrelevantes: artilugios que nunca utilizamos, manuales de instrucciones de objetos que ya no poseemos, regalos horribles y de boda, ropa que ya no nos cabe o no nos queda bien, piezas de repuesto de máquinas que hace tiempo que descartamos, paquetes a medio consumir de alimentos que no nos gustan, libros que no merecen una segunda lectura y, aún peor, libros que, si somos honestos con nosotros mismos, nunca vamos a leer.

No es especialmente difícil determinar lo que está de más, aunque resulta más complicado deshacerse de ello. En muchos casos, tan sólo hay que ser un poco implacable y dedicarle algo de tiempo. En el peor de los casos, sólo se necesita una dosis relativamente pequeña de valentía, la misma que para encararse con un mal negocio o una mala economía y desecharlos. Triste pero ciertamente sabio.

Desde este punto de vista, tener la casa ordenada es una cuestión de sentido común. El tiempo es una de las comodidades más valiosas de que disponemos, y si es usted una de esas personas que parece pasar el noventa por ciento de su tiempo de vigilia buscando cosas, reservar una o dos horas para hacer orden es un paso muy importante para mejorar su vida. En este sentido, el desorden constituye simplemente un despilfarro de energía, donde la rutina habitual se complica innecesariamente y tenemos la constante sensación de trabajar inútilmente. El desorden también puede resultar caro: muchas personas se ven con frecuencia obligadas a poner la casa patas arriba en busca de una herramienta indispensable o de un ingrediente desaparecido, que al final compran de nuevo en medio de su desesperación.

Pero como la mayoría de la gente acaba entendiendo, la solución es bien sencilla. También interviene el gusto personal. Algunas personas, incluido yo mismo, se sienten increíblemente gratificadas por la simplicidad, tanto por una repisa o un suelo despejados como por la sensación de espaciosidad y expansión que resultan cuando no todas las superficies disponibles están sobrecargadas con la propia lacra de pertenencias. Otros parecen necesitar tener sus posesiones más visibles a su alrededor, dentro de la sencillez del entorno familiar. Aunque puede tener como consecuencia un escenario ante el que un minimalista retrocedería con horror, la expresión de estos instintos de nidificación constituye una parte muy real de lo que nos proporciona placer a algunos de nosotros en nuestro entorno.

Aunque naturalmente me incluyo en la escuela de pensamiento del «menos y mejor», no soportaría que todo estuviera bajo un control estricto, organizado rígidamente. No es fácil vivir cuando uno no se atreve a dejar los periódicos desparramados por el suelo o un libro abierto en la mesilla de noche: en este tipo de tensos interiores, la propia vida parece una intrusión. Puedo disfrutar con la edificante visión de una mesa despejada, pero también obtengo cierto placer de la creativa confusión que resulta de forma natural de una tarea a medio hacer. Francis Bacon trabajaba en el espacio más desaliñado que se pueda imaginar, pero pintó algunos de los cuadros más hermosos del siglo XX.

El principio es el mismo, aunque la estética es diferente. El almacenamiento consiste básicamente en variaciones de temas muy simples: guardar en estantes, colgadores o recipientes.

Si, en cierta medida, el orden está en los ojos del observador, ocupando una posición variable entre la línea continua que une el minimalismo y el caos, en la mayoría de los hogares también requiere un compromiso diario. Al igual que existen parejas en las que uno de sus integrantes siempre llega pronto y el otro siempre tarde, las personas que saben en todo momento dónde están las tijeras con frecuencia se encuentran compartiendo la vida con alguien que lleva sin ver el fondo de su cajón de los calcetines desde 1987. Desde el vaciado sistemático de los cajones, armarios y cajas de juguetes de los niños de dos años, movidos por un sentimiento de juguetona curiosidad, hasta la suciedad sin par de la habitación de los adolescentes, los niños constituyen una cuestión completamente aparte.

Vivir con alguien que tiene una visión diametralmente opuesta del orden puede ser difícil pero, aunque no deja de ser un desafío, la mayoría de nosotros puede hacerle frente. Joseph, por ejemplo, es mucho más minimalista que su mujer Isabel, que prefiere un aspecto más relajado. Sin embargo, él cree que «es importante combinar las personalidades de ambos». Por otra parte, Suzie Slesin se confiesa una gran acumuladora, y su trabajo como editora de una revista y autora de numerosos libros le ofrece la oportunidad de viajar y adquirir objetos que le

La tolerancia frente al desorden varía enormemente de una persona a otra. Para los que prefieren pocas cosas a la vista, el almacenamiento discreto es muy importante. En esta zona sin desorden (superior izquierda), los armarios empotrados en la repisa baja ofrecen el espacio de almacenamiento necesario para los utensilios cotidianos. El almacenamiento que forma parte integral de la arquitectura de un espacio puede ser especialmente satisfactorio. Las estanterías alrededor de una puerta o dentro de un hueco alto (superior e izquierda) se perciben como un elemento estructural, no como un añadido posterior. La «librería-gusano» (derecha) de Ron Arad hace del almacenamiento algo escultural.

apasionan. Inevitablemente, su marido preferiría vivir con lo mínimo indispensable. Las limitaciones de espacio de su apartamento de Nueva York le han llevado a tener que renunciar a su sueño de un ropero separado. En compensación, Suzie ha dejado de ir a los mercadillos y se encuentra en lo que ella llama una «fase de desadquisición». Su dilema, común a todos los que aman y se sienten inspirados por los objetos, es que cuanto más se compra o recoge, menos espacio se deja para poder apreciarlo.

Es un dilema con el que yo mismo me he encontrado. En la sala de estar de mi casa de campo, he intentado resolverlo disponiendo una gran cantidad de objetos que me gustan en un extremo de la habitación pero manteniendo el otro relativamente vacío, de forma que se puede uno sentar en una mitad y mirar hacia la otra sin sentirse agobiado por el desorden. Joseph, el cual también se siente seducido por las pertenencias, ha aprendido «a apreciar las cosas en otros espacios además del mío». Con las comunicaciones tan avanzadas y con tal cantidad de imágenes en los libros y las revistas, cree que «es absurdo intentar poseer todo lo que a uno le gusta».

Reconocer en primer lugar cuáles son nuestros propios gustos es incluso más importante que conseguir un término medio. Desde el punto de vista de Suzie Slesin, el aceptar quiénes somos y lo que nos gusta es la base de una vida confortable. «Me encantaría tener un dormitorio sencillo y vacío», dice, «pero cuando estoy en la cama me gusta tener un montón de revistas y libros cerca y poder ver fotografías de mis hijos. Esto significa que necesito sitio para poner estas cosas.» El saber cómo nos gusta vivir es fundamental para crear un hogar con un sentido del orden realmente útil, que en último extremo es lo único que cuenta.

En vista de las diferentes actitudes ante el desorden y el orden, existen algunas estrategias de las que todo el mundo puede aprovecharse. Tal y como acabamos de discutir, la primera consiste en tener claro lo que es importante y lo que no. Podemos desear una gran cantidad de objetos a nuestro alrededor, pero no existe ninguna buena razón por la que estos objetos deban ser horribles, inútiles o caducos. La segunda consiste en buscar un lugar adecuado para las cosas que hemos decidido quedarnos. Existe un verdadero placer en lo que Min Hogg llama «encontrar un sitio para cada cosa», encontrar un lugar adecuado y práctico para guardar las cosas. Incluso los niños, dentro de su caótica desorganización, aprecian instintivamente el esfuerzo de colocar las cosas en su sitio. El cofre del «tesoro» de la infancia, lleno de colecciones misteriosas de objetos cargados de significado, es esencialmente, tal y como dijo un crítico, un «secreto tangible y portátil». El placer de encontrar un lugar para cada cosa se debe en parte a este sentimiento, así como a la sensación de ingeniosidad que nos invade cuando los armarios están bien ordenados y perfectos.

El almacenamiento concebido como parte del efecto visual global de la habitación y diseñado para aquello que debe ser guardado nos llena de satisfacción. En el caso de Min, dos de las paredes de su cocina cuentan con estantes en el nivel superior: uno más estrecho para los vasos de forma que sólo admite dos filas, una delante de otra, y uno más ancho para los platos. Las filas de vasos y platos forman una parte intrínseca del aspecto de la habitación.

Sin embargo, el hecho de que todo sea accesible y nada sea empujado al fondo de un armario, donde pasará desapercibido o quedará sin utilizar, también es importante. Así pues, en su más amplio sentido, accesibilidad significa ordenar nuestras pertenencias teniendo en cuenta la frecuencia con la que vamos a necesitar un determinado objeto. Si se utiliza diariamente significa que debe estar a mano, mientras que si se utiliza sólo una vez al año, por ejemplo por Navidad, hay que guardarlo en el desván para que no estorbe.

Uno de los lugares más atractivos para guardar cosas son los cuartos trasteros. A primera vista, el vestidor, la despensa, el taller, el cobertizo o el garaje, con las pertenencias bien organizadas y en su sitio, pueden parecer un sacrificio de espacio, pero mejoran enormemente la habitabilidad de las zonas adyacentes. De forma similar, llenar los vestíbulos espaciosos de librerías o armarios puede ser de gran utilidad, además de conferir un gran carácter arquitectónico. A mí me gusta especialmente la ingenuidad de los pequeños espacios bien encajados: los armarios de un camarote de barco o el detalle de los viejos coches-cama de los trenes pueden ser una inspiración para el almacenamiento en casa.

Todos los tipos de almacenamiento consisten en variaciones de temas muy simples: contenedores (armarios, cajones, cestas o cajas), colgadores (con rieles, cintas, perchas o ganchos) o estanterías. Estos formatos básicos cuentan con una inherente versatilidad, la cual forma parte de su atractivo y sentido práctico. Así por ejemplo, un carrito metálico de rejilla puede ser útil para guardar el material de oficina, los cosméticos, los juguetes o las verduras. Del mismo modo, el préstamo de elementos y mobiliario de almacenamiento de los sectores de venta al por menor y comerciales es una muestra de su flexibilidad inherente más que una apreciación de su aspecto.

No obstante, el almacenamiento puede ser menos satisfactorio cuando requiere accesorios específicos, como las bolsas de plástico para guardar los zapatos o los cajones con separadores para cada par de medias o calcetines. Esta forma de organización puede ser irritante y complicada de usar y, más que ordenar nuestras pertenencias, simplemente introduce otro grado de desorden. Un claro ejemplo de ello apareció recientemente en un catálogo por correo en forma de «cesta de escalera». Este contenedor de mimbre fue diseñado para albergar todos aquellos objetos que se acumulan en la parte inferior de las escaleras, aguardando su recolocación en habitaciones del piso superior. En muchos hogares, ciertas pertenencias permanecen dando vueltas día tras día, pero si el hueco de su escalera se ha convertido en un vertedero habitual, con toda seguridad sería mejor pensar por qué ha ocurrido así (por ejemplo, ¿los objetos se guardan demasiado lejos del lugar en que se utilizan?), y no comprar algo que simplemente contribuye al desorden.

Para que funcionen, todos los sistemas tienen que ser personales en cierta medida. El orden no es más que una manera de organizar las cosas de forma que puedan utilizarse del modo más eficaz. Ésta es la razón por la que en la mayoría de cocinas no encontrará las latas y los tarros ordenados alfabéticamente. Los sistemas de almacenamiento, desde las cocinas con armarios empotrados hasta una simple estantería, ofrecen módulos estándar de espacio que con frecuencia deben ser adecuados a nuestros gustos para que realmente sean útiles.

Algunas de las mejores soluciones de almacenamiento suelen ser las más simples: los rieles con colgadores y ganchos para la ropa mantienen los objetos accesibles y ordenados. Esta versión ligeramente más excéntrica cuenta con «colgadores» realizados con piedras de la playa atadas a un listón con cuerdas (superior)**. Las toallas de manos y de baño colgadas de una percha de madera o pulcramente alineadas a lo largo de una estructura de metal son soluciones estéticas a la vez que prácticas.**

Guardar los utensilios detrás de puertas cerradas es una solución al problema del orden. Los armarios que van del suelo al techo nos ofrecen un almacenamiento integrado y sin interrupciones, pero el placer visual también puede provenir de una imagen organizada o bien tras puertas de cristal o bien en unidades abiertas o en estanterías.

En el caso de los módulos, éstos pueden contener en su interior estantes a diferentes intervalos y de distinta profundidad o bandejas y cestas correderas. En cuanto a las estanterías, debería ser posible regular las diferente alturas, pesos y tamaños de los libros.

El orden puede significar eliminar cualquier cosa no necesaria o, como en el caso de las tijeras de Min Hogg, poseer un gran número de determinados objetos de manera que siempre estén a mano. De la misma forma, puede descansar simplemente en aquellas inspiraciones laterales que permiten que la vida fluya suavemente. Min tiene un gran bloc de notas al lado del teléfono donde puede anotar los detalles domésticos (el número de teléfono del servicio de reparación de la caldera y cosas así) que se suelen garabatear en un trozo de papel que rápidamente se pierde. Escribe la fecha en cada página y, cuando está lleno, lo archiva: se trata de un pequeño pero práctico acto que ahorra tiempo y esfuerzo. Pero el valor de este ejercicio no es meramente práctico: los blocs están forrados de terciopelo rojo y ofrecen un placer diario.

cocinar

La cocina de «verano» de **Elizabeth David** (extremo derecha) **en la parte posterior de su casa de Chelsea es el lugar de trabajo donde experimentaba platos y escribía recetas para sus libros. Los platos están ordenadamente dispuestos y los utensilios cuelgan a mano. Todo es accesible y nada está de adorno. Simple y sin pretensiones, no hay nada fortuito en su distribución o fuera de lugar en este lugar de trabajo y reflexión.**

«Una tortilla, una ensalada y un trozo de queso... no vamos a darnos un gran banquete, pero lo que tomemos estará bien elegido, y lo acompañaremos de un buen vaso de vino», escribió Elizabeth David. Su pasión por el sabor, la simplicidad y la frescura de los ingredientes convergió en una prosa lírica y transformó la forma en que cocinamos.

Puedo recordar perfectamente el impacto de *A Book of Mediterranean Food* («Un libro sobre la dieta mediterránea»), publicado en 1950, después de una terrible década de privaciones y racionamiento. Coincidiendo aproximadamente con mi primer encuentro con Francia, el libro presentaba una breve pero tentadora visión de una cultura donde la cocina era un arte (de hecho, es el décimo arte en Francia) y un placer, y no una tarea tediosa cuyo único propósito era mantener el cuerpo y el alma unidos.

Leyendo su descripción de un mercado veneciano, uno casi puede probar los alimentos: «... las coles son de color azul cobalto, las remolachas de un rosa profundo, las lechugas de un verde puro y claro, quebradizas como el cristal. Ramos de llamativas flores de calabacín contrastan con la elegancia de las vainas de las judías jaspeadas de rosa y blanco, patatas nuevas, ciruelas verdes, guisantes verdes.

El color de los melocotones, cerezas y albaricoques envasados en cajas alineadas con el papel azul de las bolsas de azúcar a juego con los pantalones de los hombres que descargan las góndolas se refleja en el salmonete rojo rosado... incluso el habitual lenguado y las repugnantes y grandes rayas son atravesados por delicadas luces de color lila, las sardinas parecen monedas recién acuñadas...» (*Italian Food*, 1954). Si la sensualidad de la prosa de Elizabeth David resultaba embriagadora en la gris Gran Bretaña de la posguerra, su forma directa y práctica de acercarse a la cocina era como una ráfaga de aire fresco.

Actualmente, nuestros horizontes culinarios parecen ampliarse día a día. Todo lo que hay que hacer es comparar los productos que se exponen en las estanterías de los supermercados con la limitada variedad que se encontraba diez, quince o veinte años atrás. Al menos en Gran Bretaña, no hace tanto tiempo de los días en que prácticamente el único sitio donde se podía encontrar aceite de oliva era en la farmacia. Pero al mismo tiempo, todos los estudios advierten que cada vez pasamos menos tiempo en la cocina. La idea que mucha gente tiene acerca de preparar una comida sencilla (calentar unos alimentos precocinados o, incluso peor, tomar cualquier cosa frente al televisor) no podría estar más alejada de la tortilla, la ensalada y el trozo de queso de Elizabeth David. En términos prácticos, apretar los botones del microondas o del teléfono es el máximo al que se puede llegar.

No puedo decir que cocinar comporte menos esfuerzo o que es «más fácil» en el sentido estricto de la palabra. Pero quiero creer que la esencia de una vida confortable en ocasiones reside en la habilidad de mirar más allá, sopesar la conveniencia de un paquete preparado frente a la satisfacción de elaborar una verdadera comida sencilla y sentir que la balanza se inclina hacia la experiencia más auténtica. El tipo de comida sencilla que yo preparo (alimentos que requieren una cocción a fuego lento durante horas o que se preparan muy rápidamente en una parrilla caliente) no requiere mucho más tiempo de actividad o esfuerzo, pero es infinitamente más nutritiva no sólo en el aspecto físico.

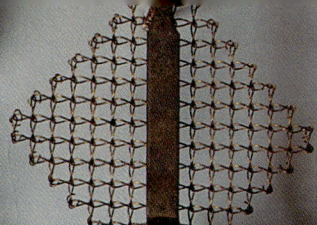

Lo que realmente ofrece la cocina sencilla es una experiencia inmediata: «¡Cocinar y servir! ¡Cocinar y servir!», tal y como solía decir el cocinero griego que contraté para la Cantina, uno de mis restaurantes en Butlers Wharf. Se refería al tipo de enfoque directo que podemos encontrar en la *trattoria* o taberna mediterránea, donde con frecuencia el cliente es invitado a la cocina para inspeccionar y apreciar la frescura de los ingredientes antes de que los alimentos se cocinen rápidamente y se sirvan sin ceremonias en la mesa. La revelación es que la cocina no tiene por qué ser pretenciosa, con elaboradas salsas y complicadas presentaciones: el «impacto en la boca» puede ser el resultado de los métodos más sencillos, unos buenos ingredientes frescos y de calidad cocinados de forma sencilla para permitir que los sabores desarrollen su magia.

Ésta es una visión que comparte el chef John Torode. Le desagrada la comida demasiado complicada y cree que es mejor centrarse en una sola cosa a la vez, siempre que sea buena y de temporada. «Así pues, no se necesita una gran cantidad de equipamiento», dice. «En ocasiones pienso que nos desorganizamos y complicamos las cosas. La cocina se convierte en algo confuso, y lo que finalmente llega al plato también es confuso. Cuando nos sentamos a comer, no disfrutamos realmente de la comida. Por el contrario, si introducimos algo en un wok y lo freímos rápidamente, e incluso lo comemos con un par de palillos chinos, es maravilloso; además tenemos poco que lavar.»

Este estilo de cocina se adecua a una cocina de proporciones generosas, planificada a conciencia y equipada de forma reflexiva. La comida es uno de los principales placeres de la vida, y la cocina debe expresar esta pasión. Incluso es mejor cuando este entusiasmo puede compartirse con la familia y los amigos. Cuando la cocina está abierta a las zonas de estar y de comedor, o cuando simplemente es un espacio suficientemente grande por sí mismo, la vida de la casa gana una estancia acogedora y vibrante, un centro de frenética actividad donde cada cosa desprende felicidad. Creo que las cocinas separadas del resto de la casa, donde el cocinero debe trabajar en soledad, con frecuencia hacen que cocinar sea considerado una tarea desagradable.

Sin embargo, esta sensación de inclusión no significa que podamos ser descuidados cuando se trata de planificar la cocina. Las zonas de trabajo de la cocina, donde se concentra la actividad, deben planificarse ergonómicamente para que funcionen con eficacia. La distancia entre la pila, los fogones, el horno y la nevera no deben ser demasiado grandes: una cocina donde se pueden dar pasos de baile entre la superficie de trabajo y los fogones o entre la pila y el horno es un lugar de trabajo poco funcional y agotador. Una planificación eficiente hace más fácil la limpieza y le evita tener que enfrentarse a un desalentador montón de ollas, sartenes y utensilios sucios cuando ha terminado de preparar la comida.

La preparación de una buena comida empieza con la adquisición de los ingredientes: la inspiración que proviene de la vista, el olfato y la sensación de frescura de los alimentos de temporada. Al comprar en mercados o en pequeñas tiendas de barrio, o incluso mejor, al cultivar uno mismo los alimentos, es más probable sentirse creativo que al realizar la aburrida visita semanal al supermercado.

Min Hogg va más allá en su recomendación de que todas las cocinas deberían ser pequeñas, sin importar lo grande que sea la casa o si está situada en la ciudad o en el campo. Ella cree que las cocinas grandes invitan a utilizar excesivo espacio, de forma que se ensucia innecesariamente superficie de trabajo y los utensilios quedan desparramados de un extremo al otro de la habitación. Desde su punto de vista, una zona pequeña donde no hay más que dos pasos entre la pila y el frigorífico estimula un mejor sentido de la organización. No puedo decir que esté completamente de acuerdo con ella, puesto que encontraría demasiado duro trabajar en una cocina donde no hay suficiente espacio para que otras personas que se unan a mí, para compartir un vaso de vino o charlar. Pero, ciertamente, estoy de acuerdo con la importancia que ella da a la planificación de las medidas.

John Torode también prefiere que la cocina de casa sea pequeña. Una parte de la cocina está dedicada a un frigorífico, la pila y los fogones, en este orden, con estanterías para las mercancías secas a un nivel elevado. Los libros de cocina y el vino se encuentran apilados en viejas cajas de vino, y en una esquina hay un tajo de carnicero. Los pequeños espacios coordinan la actividad e imponen cierta disciplina. John disfruta de la sensación de ser capaz de girarse y coger lo que desea de las estanterías mientras cocina o prepara los alimentos, y cuando los armarios o las estanterías se desordenan es el momento de «desechar o dejar de comprar».

La cocina de un restaurante es uno de los espacios de trabajo más rigurosamente planificado, y se puede aprender muchas cosas de su organización. Allí donde las condiciones son extremas deben evitarse los estorbos: el intenso calor, las herramientas afiladas y el increíble barullo de personas que intentan cumplir los pedidos en el menor tiempo posible hacen imprescindible una planificación precisa para evitar cualquier potencial desastre. En una cocina de restaurante bien planificada, la distribución de la vajilla y los aparatos debe basarse en la lógica de la secuencia del trabajo, y todo el equipamiento necesario debe estar estrechamente integrado con las zonas de preparación donde va a utilizarse.

En casa, es improbable que la cocina tenga este aspecto de febril actividad, pero sólo es cuestión de sentido común colocar los módulos y aparatos de forma que sigan una progresión natural. Debe ser capaz de moverse desde el frigorífico hasta la pila, la zona de preparación o los fogones sin encontrar demasiados obstáculos en el camino. Los ingredientes habituales y los utensilios más utilizados deben estar a mano, ser fácilmente accesibles y, a ser posible, estar a la vista. Cocinar en una cocina

No pertenezco al ludismo, pero creo que la mayoría de máquinas y artilugios tienen poco espacio en una cocina doméstica, donde unos buenos y afilados cuchillos y un par de manos diestras pueden realizar la mayoría de las tareas infinitamente mejor y más rápido. Los cocineros son unos apasionados de sus cuchillos; cada cocinero debería invertir en los mejores cuchillos que pueda conseguir y mantenerlos afilados y apropiadamente guardados en un estante o en un bloque.

que ha sido adecuadamente planificada debería ser un poco como conducir un coche: hay que ser capaz de alcanzar la sal o la cuchara de una forma tan instintiva como se apretaría el embrague antes de cambiar de marcha.

Las cocinas de restaurante han tenido otro impacto sobre el modo en que vivimos, como es la creciente tendencia a comprar aparatos y equipos profesionales para uso doméstico. Cualquiera que realmente disfrute de la cocina está obligado a apreciar un equipamiento robusto y de buena calidad, capaz de aguantar un uso intenso y diseñado según los más altos estándares de calidad. Al mismo tiempo, una vasta batería de cocina, no importa lo profesional que sea, no nos hará mejores cocineros. Estoy de acuerdo con Elizabeth David en que «un exceso de equipamiento es, en realidad, peor que su defecto», y puede ser un signo de ostentación más que de experiencia culinaria.

De acuerdo con John Torode, «la forma más fácil de cocinar es comprar un wok y un cuchillo de carnicero e ir haciendo». Después de todo, en el wok podemos freír, hervir y cocer al vapor, y el cuchillo nos sirve tanto para picar cebolla como para despedazar cangrejos. Al igual que todos los cocineros, la mayor parte de sus artilugios y máquinas de cocina los ha adquirido a través de regalos, pero rara vez los utiliza. Sin embargo, lo que sí usa es el equipamiento directamente relacionado con su particular estilo de cocinar. Por ejemplo, tiene seis morteros y manos de mortero, cada uno con una calidad abrasiva distinta. Entre ellos hay uno de mármol para majar granos de pimienta y cristales de sal, uno grande de granito para elaborar pastas de curry, uno que se utiliza sólo para majar cúrcuma y uno ligero y profundo de madera para machacar especias secas.

Si la gente tiene tendencia a sucumbir a los símbolos de categoría de la hostelería, a menudo también se ve seducida por los artilugios de cocina «rápidos». Desde los pequeños aparatos que prometen ahorrar la mitad de tiempo y energías necesarios para trocear las zanahorias, hasta las caras máquinas con numerosos accesorios que realmente sólo cumplen su función cuando se espera una docena de personas para cenar, estos aparatos raramente son en realidad necesarios si se cuenta con una buena gama de utensilios y cacerolas. Es mucho mejor invertir el dinero en unos cuchillos afilados de buena calidad, cazos de acero inoxidable de gran calibre y cacerolas de hierro fundido que durarán años y años. Nada supera a la humilde cuchara de palo, las varillas de acero inoxidable o el mortero con

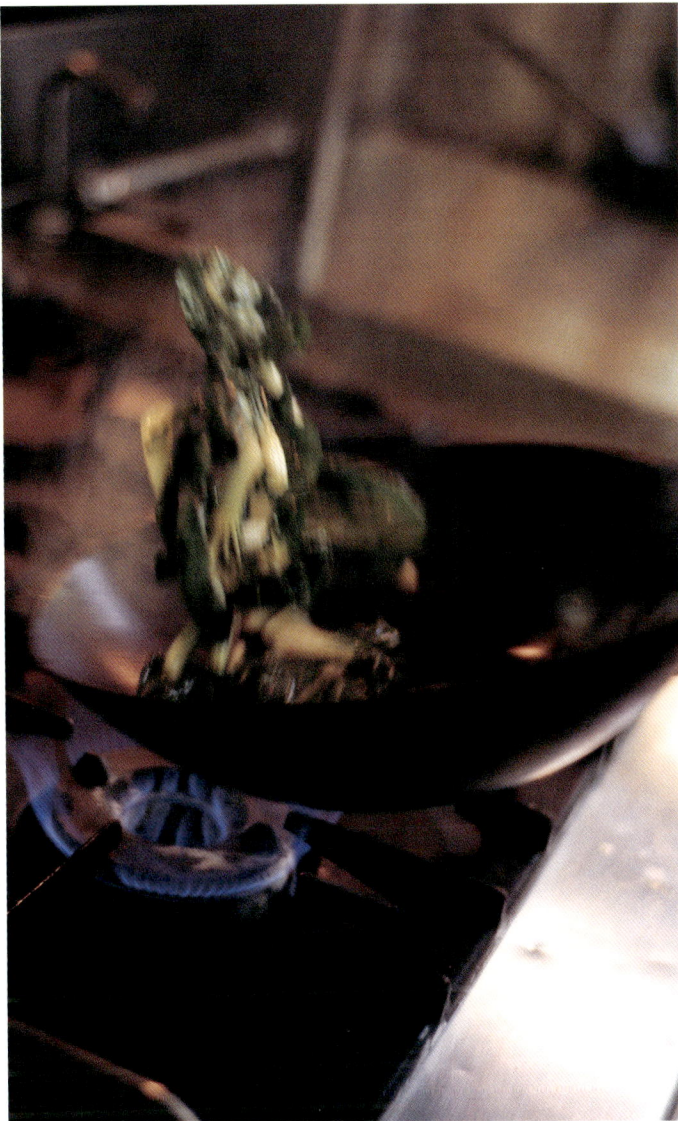

¿Quién necesita la comida envasada cuando hay tantas maneras rápidas y sencillas de cocinar? Freír a fuego rápido en un wok es uno de los métodos más rápidos y directos, y puede adaptarse a cualquier número de ingredientes diferentes. El marisco fresco, uno de los bocados más deliciosos, necesita poca elaboración.

Uno de mis métodos favoritos para cocinar es la parrilla, y los resultados son incluso más deliciosos cuando se cocina y se come al aire libre.

Aunque la cocina de restaurante, con sus brillantes superficies de acero inoxidable y estantes con herramientas, ha tenido una indudable influencia sobre el diseño contemporáneo de cocinas, todo lo que en realidad necesita la gente son ollas, sartenes, bandejas para horno y cacerolas de buena calidad y una gama básica de utensilios.

su mano, y éstos apenas necesitan sustituirse durante generaciones.

Todo lo que no esté incluido dentro de esta gama de elementos esenciales debe reflejar lo que se quiere cocinar, que, a su vez, debe representar qué es lo que se quiere comer. Si le gusta la comida oriental es imprescindible tener un wok, mientras que si es un amante de la comida italiana tiene que tener una máquina para hacer pasta. Dejando aparte este tipo de excepciones, el equipamiento básico de la cocina es todo aquello que la mayoría necesita realmente. No se trata tan sólo de utensilios de eficacia probada, sino que ofrecen precisamente esa calidad realista que hace de la cocina algo tan placentero y primordial.

El observar el equipamiento mínimo de las casas de vacaciones puede aportarnos una clara ilustración de este punto. Suzie Slesin ha estado de vacaciones en la misma pequeña isla griega durante varios años. Su pequeña casa, generalmente llena a rebosar de familia y amigos, cuenta con las comodidades más rudimentarias: la preparación de los alimentos (en dos pequeñas placas de calor) siempre tiene lugar en el exterior. Los ingredientes provienen de la relativamente reducida gama de productos que la

El estilo de la cocina debería provenir de forma natural de la integridad de los materiales utilizados para las superficies y acabados. Esta cocina francesa de aspecto antiguo tiene un simple y encantador aire doméstico.

isla ofrece. El equipamiento es improvisado. Cada año, Suzie se impone el reto de preparar al menos una comida que todo el mundo pueda compartir, y lo que a primera vista podría parecer una tarea vejatoria y frustrante siempre demuestra ser altamente placentera.

Como demuestra el papel de símbolo social de la batería de cocina, el estilo y la estética de la cocina pueden tener más que ver con impresionar al vecino que con la verdadera facilidad de uso o el funcionalismo básico. Según ello, hay cocinas diseñadas para aparentar laboratorios de alta tecnología, templos a la higiene de brillantes superficies de acero inoxidable y aburrida eficacia, o, en el extremo opuesto del espectro, cocinas cubiertas con toda clase de avíos «pseudoeduardianos», con aparatos disimulados detrás de paneles de madera hechos a medida y con recargadas molduras decorativas. Elizabeth David tiene su propio punto de vista, previsiblemente duro, sobre el particular: «Huyo de las baldosas de colores y las superficies floreadas, y no deseo un gran número de objetos de color aguacate y mandarina. Los únicos aguacates y mandarinas que deseo son los que están en un frutero encima de la mesa. En otras palabras, si los alimentos y las cazuelas no despiertan el suficiente interés visual y crean sus propios patrones cambiantes en la cocina, entonces es que algo falla».

Si se tiene presente la funcionalidad y la naturaleza de zona de trabajo de la cocina, el estilo aparecerá por sí solo. Las superficies y acabados de la cocina tienen que servir a una finalidad, más que ninguna otra zona de la casa. Deben ser suficientemente robustos para mantenerse en buen estado, resistentes a temperaturas extremas, al vapor y al agua, fáciles de limpiar y antideslizantes. Para mucha gente, esto parece ser un argumento a favor de los materiales sintéticos, superficies laminadas, suelos de vinilo y cosas parecidas. No obstante, yo creo que los materiales artificiales son, en todo caso, más deprimentes en la cocina que en ningún otro sitio, donde desentonan desagradablemente con la vitalidad de los sabores, los gustos y el aroma de la buena cocina. Detrás de muchas decisiones de sustituir los materiales reales por sintéticos se encuentra una cierta paranoia histérica por la higiene, pero con frecuencia no es más que una ansiedad injustificada y fruto de la falta de información. Así por ejemplo, el linóleo, un producto completamente natural, realmente es mucho mejor como material antibacteriano que el vinilo, y tiene un aspecto, una duración y una funcionalidad infinitamente mejores. Las estanterías de pizarra y el suelo de piedra ofrecen un grado natural de refrigeración para alacenas y despensas. Las superficies de trabajo de madera y los tajos de carnicero adquieren un delicioso aroma tras años de contacto con intensos olores a ajo, cebolla y jengibre, un aroma tan placentero como la pátina visual.

Hoy en día, el tiempo y la distancia están integrados en la experiencia de la cocina. En lugar de la visita diaria al mercado local, la compra se hace cada semana en el supermercado. Los alimentos están refrigerados, congelados o almacenados, hasta que realmente olvidamos los impulsos de apetito que impulsaron su compra en un primer momento. Las zonas para cocinar al aire libre, donde podemos recuperar la sencilla simplicidad de la *trattoria* o la taberna, y los huertos, los árboles frutales y los jardines de plantas aromáticas, donde poder recolectar los productos minutos antes de comer, nos hacen recordar lo agradable que llega a ser cuando el recorrido de la naturaleza al plato es mucho más corto. Esta urgencia es la que me sugiere una vida confortable.

Comer en la cocina, algo impensable en los círculos elegantes de hace medio siglo, mantiene el sentido inmediato de que lo que importa es una cocina buena y sencilla.

comer

Comer al aire libre es uno de los mayores placeres de la vida, y para ello no es necesaria una canasta de pícnic totalmente equipada, tan llena de platos y vasos que no quede sitio para nada más, sino que basta con una simple cesta. A falta de tiempo, una puerta o una ventana abiertas, a poder ser con vistas a un jardín, transmiten la misma sensación de vitalidad cuando se come dentro.

Si alguna vez quiere sentir hambre, le recomiendo que lea el libro *The Wind in the Willows* («El viento en los sauces») de Kenneth Grahame. En él se describen muchas comidas, sobre todo al aire libre. La «abultada cesta de mimbre» de Rata no estaba cargada con juegos de platos y cubiertos a juego sino con pollo frío, «lenguafríajamónfríocarnedevacafríaensaladadepepinillosenvinagresandwichesdeberroscarneenconservagaseosaaguadesoda», mientras que la sencilla comida campestre que había preparado para la aventurera Rata Marina, que a veces se despertaba llorando cuando soñaba con «el marisco de Marsella», consistía en «una barra kilométrica de pan francés, una salchicha que olía mucho a ajo, un poco de queso que estaba tumbado gritando y un termo de cuello largo y cubierto con paja que contenía sol embotellado...» Una vida confortable perfecta.

A juzgar por las descripciones amorosamente detalladas de los desayunos, almuerzos y comidas esparcidas por todo el libro,

desde el primer pícnic a orillas del río hasta la cena a base de ensalada de langosta en Toad Hall, parece evidente que Kenneth Grahame es un gran amante de la cocina. Y como él mismo sabe perfectamente, la comida sabe todavía mejor cuando se está sentado sobre la hierba bajo la luz que se filtra entre los árboles o en una cala abrigada junto al mar, con las olas que rompen suavemente en la playa. Una de las comidas más memorables y confortables de mi vida tuvo lugar una noche en una playa del sur de Francia. Estábamos sentados alrededor de una gran mesa, con los pies descalzos hundidos en la arena suave y cálida mientras una impresionante fogata alimentada con tumbonas rotas reflejaba formas fantásticas sobre el cielo nocturno. Hasta el cuscús tenía un sabor delicioso.

Por desgracia, este tipo de experiencias no suelen presentarse con demasiada frecuencia, pero, cuando lo hacen, ilustran el profundo efecto que puede tener el entorno sobre nuestra for-

ma de disfrutar de la comida. Como restaurador, sé lo importante que puede ser el escenario. No se trata simplemente de una cuestión de ambiente. Los platos, jarras, vasos, bandejas, cuchillos y tenedores que uno utiliza, las sillas donde se sienta y la mesa representan los aspectos más funcionales. En realidad, el hecho de comer en sí no es una función, por supuesto exceptuando el sentido prosaico de reabastecimiento, pero implica la consideración de determinados factores prácticos que pueden realzar o mermar de forma significativa lo que es uno de los placeres más básicos. En la cocina nos preocupamos de lo que comemos, pero el cómo y el dónde son igualmente importantes.

Personalmente, me gusta comer en una habitación que esté abierta a otras actividades. En mi casa de campo, la cocina está situada en lo que anteriormente era una sala de billar, y hay mucho espacio para una mesa grande junto a la zona donde se prepara la comida. Sin duda, es la habitación más utilizada de la

casa. En mi apartamento de Londres, la cocina, el comedor y la sala de estar se funden en una sola estancia gracias a la planta abierta. Según mi opinión, cuando se está en compañía se disfruta mucho más de la comida, y los espacios multifuncionales ayudan a fomentar un sentimiento de generosidad y hospitalidad. Cuando no se trata de una experiencia en común y hay que comer solo, resulta mucho más agradable hacerlo en un espacio integrado en el resto de la casa. Por otra parte, un comedor separado es un lugar ligeramente ridículo, cuando no triste, para masticar una cena solitaria. Por este motivo, las personas que tienen un comedor separado suelen disponer de zonas más desenfadadas en la cocina para comer.

Soy una persona de gustos bastante convencionales. El comedor como entidad separada está en decadencia desde que el entretenimiento adquirió una nueva informalidad en la década de los sesenta. Hoy día, los comedores separados, como una reliquia de épocas más jerárquicas, pueden transmitir una sensación bastante pesada de acontecimiento señalado, la cual está reñida con las comidas de cada día. Los días en que (al menos en la mayoría de hogares) la «mujercita» se afanaba tras la puerta cerrada de la cocina mientras los invitados sorbían con indiferencia una copa de jerez en el salón a la espera de que les avisaran para sentarse a la mesa, donde encontrarían su sitio por la pequeña tarjeta con su nombre, han pasado a la historia. Desde que la puerta de la cocina se abrió por primera vez, dispersando aromas tentadores y el emocionado ajetreo de actividad, nunca ha vuelto a cerrarse del todo. La confraternidad de una cena en torno a una mesa con el hornillo de cocina y las bandejas a mano y el rechazo a los ceremoniales definen las costumbres sociales actuales.

Si hubiera querido, podría haber optado por tener un comedor separado y, de hecho, en el campo tengo uno, aunque rara vez lo utilizamos. Pero este tipo de estancia es ineficaz e impensable para la mayoría de gente, un desperdicio de espacio en una habitación que permanece vacía la mayor parte del tiempo. Cuando las demandas de espacio son tan apremiantes, el comedor separado acaba siendo anexionado para algún propósito más urgente, y no suele transcurrir mucho tiempo hasta que esto ocurre. Lo que resulta igualmente insatisfactorio es el tipo de atmósfera que se suele generar al abandonar una habitación desocupada durante la mayor parte del día. Al igual que todos los espacios infrautilizados, los comedores pueden

La finura de la porcelana, lisa
como una cáscara de huevo,
confiere a la mesa una sensación
de refinamiento y delicadeza.
Asimismo, me encanta el carácter
funcional de los vasos de Duralex,
los cuales desempeñan su función
a la perfección y son prácticamente
irrompibles.

resistirse tenazmente a nuestras tentativas de darles vida; siempre parece persistir un toque inerte. Suzie Slesin, a quien le encanta recibir gente en casa casi sin previo aviso, tiene un comedor separado para este fin, pero lo ha mantenido vivo llenándolo de libros. Los libros crean un fondo sociable y simpático para comer y, cuando la habitación no se utiliza para su función principal, se puede emplear como lugar de trabajo y estudio.

Sin embargo, una planta abierta no significa que las actividades tengan que chocar literalmente entre sí. Para comer se precisa un ambiente distinto que para cocinar, y debe existir algún tipo de separación entre ambos. Ésta tiene que permitir apartar una silla sin chocar contra la pared o servir una comida sin tener que sortear obstáculos. Al mismo tiempo, cuando nos sentamos a comer necesitamos la intimidad de la mesa, el círculo cerrado de compañerismo, dejando en un segundo plano otras funciones. Los comedores deben ofrecer un poco de espacio despejado, tanto física como mentalmente.

Las zonas en forma de L o aquéllas obtenidas de la unión de dos habitaciones ofrecen una división natural del espacio. Otra opción consiste en situar la mesa junto a una ventana saylediza o al otro lado de una repisa de media altura que oculte parcialmente las actividades de la cocina.

La iluminación desempeña un papel importantísimo a la hora de crear el ambiente adecuado. Una iluminación de fondo regulable, combinada con pequeños focos sobre la mesa, proporcionan una disposición versátil para las comidas, siempre que no tenga intención de cambiar la mesa de sitio en un futuro. También puede ser eficaz una hilera de pequeñas lámparas colgantes, pero hay que asegurarse de que las fuentes luminosas están bien protegidas y lo bastante hundidas en la base como para que no deslumbren. Para iluminar correctamente una mesa hay que utilizar su superficie como una forma sutil de reflexión, de modo que los comensales no queden deslumbrados ni estén agobiados por un brillo implacable sobre sus cabezas. La forma más favorecedora de iluminación es la luz rebotada sobre la mesa para iluminar a las personas desde abajo.

El confort y la comodidad básicos requieren una mesa robusta que sea lo bastante grande para que todo el mundo pueda sentarse a su alrededor y sillas que sean estables y resistentes y tengan la altura adecuada. Para mí, los acabados pulidos o bar-

Me gustan las vajillas de líneas bien definidas y formas sencillas. El contenido de las teteras y las jarras tiene que poderse verter limpiamente, el asa de las tazas debe ser cómoda y los platos no deben balancearse sobre la mesa.

nizados en exceso, como la superficie de caoba de una mesa tradicional, no son sinónimo de una vida confortable: a la más mínima gota de agua o huella hay que volver a encerarla. Tampoco soy demasiado aficionado al cristal en este contexto (aunque me encanta). Las mesas de cristal que se utilizan para comer y no como adorno pueden tener unos bordes muy angulosos que a algunas personas les resultan tan molestos como el sonido de una uña sobre una pizarra. El roble fregado o cualquier otra madera dura de buena calidad son una superficie infinitamente más tolerante y, además, no hay que vigilarlas constantemente. Este tipo de mesas son bonitas y lo bastante robustas para llevar a cabo tareas domésticas sobre ellas entre comidas. Asimismo, es importante prestar atención a si las sillas son cómodas. Por extraño que parezca, hay mucha gente que no lo hace. Las sillas que se eligen únicamente por su aspecto a menudo obligan a abandonar la mesa antes de hora o son la causa de una incómoda molestia después de hacerlo. Sin embargo, tampoco hay que abusar del confort. La gente a menudo olvida que al comer nos inclinamos hacia delante, así que no hace falta que el respaldo esté muy acolchado.

Desde siempre, la vajilla ha sido objeto del esnobismo y las ansias de prestigio social, con elaborados servicios de mesa adornados con ornamentos dorados y exuberantes de frutas y hortalizas y presentes en muchas listas de boda. Pero los platos que son más llamativos y tienen más colorido que la propia comida carecen de sentido. Para mí, el auténtico lujo procede de la calidad de los materiales y de la técnica empleada en su fabricación. La porcelana blanca, por ejemplo, es perfecta y da gusto utilizarla. Es lisa, lo que impide que el cuchillo y el tenedor hagan ruido. Es delgada, lo que proporciona una sensación de finura. Y, además, carece de adornos para centrar la atención en lo principal, la comida. Este tipo de vajilla transmite una sensación inherente de calidad y no una etiqueta de precio proclamado a voces. También me gustan los platos robustos de los restaurantes y las cafeterías, no la arenosa rusticidad de la loza de barro, demasiado áspera para comer cómodamente. Me atraen más las fuentes y platos que rebotan en el suelo en vez de romperse cuando se caen. Asimismo, me gustan las copas de vino sencillas y delgadas, alargadas y con la forma adecuada para percibir el bouquet, y la utilidad práctica de los sólidos vasos de Duralex. Todas estas formas se basan estrictamente en la funcionalidad, del mismo modo que el grosor aislante de una taza de café está pensado para mantener el calor de una bebida, y la finura de una taza de té ayuda a que las bebidas se enfríen antes.

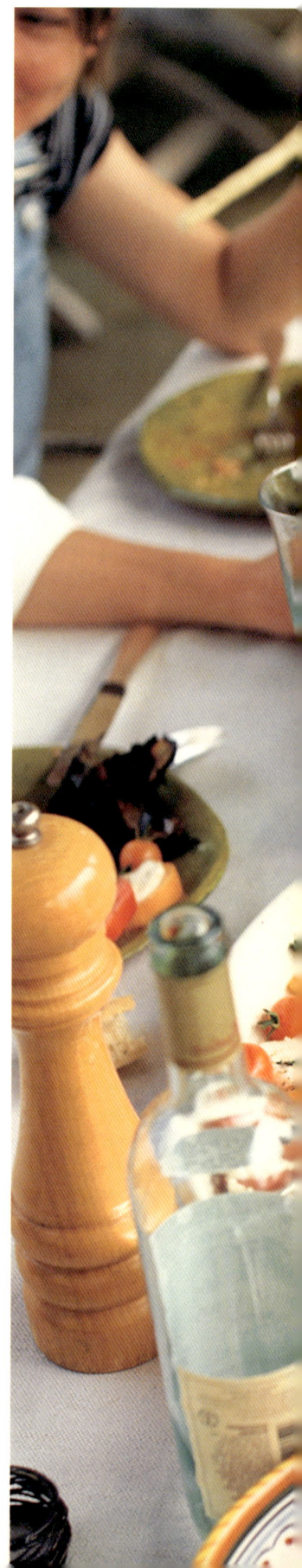

Es imprescindible proporcionar algo de sombra a los espacios exteriores cuando vamos a comer en ellos, especialmente en los climas cálidos. Este toldo de lona (extremo izquierda) **protege del sol** y confiere un apropiado toque marino a un balcón con vistas al mar.

La presentación de los platos debe despertar el apetito, no pregonar el rango social. Unos recipientes sencillos, una vajilla lisa, un mantel blanco y unos cubiertos con el peso justo permiten que la comida que se sirve se convierta en la estrella de la mesa.

No soy tan purista como para renunciar a todos los toques de color: un plato con un ribete azul, por ejemplo, puede perfilar y refrescar todo el conjunto, y también pueden ser muy atractivos los diseños que aportan una sensación de vitalidad sin ser dominantes. Los colores sólidos fuertes pueden acentuar de forma inmejorable la mesa: un tazón de color añil intenso hace que unos limones o unas limas parezcan rebosantes de vida, mientras que una ensalada de tomate servida en una fuente de color verde fresco es increíblemente apetitosa. Estas sacudidas de contraste intensifican nuestra conciencia de los alimentos. Piense en el mercado veneciano de Elizabeth David.

El manejo de utensilios de cocina y cubiertos con un buen diseño nos proporciona una pequeña satisfacción. Los cuchillos y tenedores tienen que tener el peso y el equilibrio adecuados para que nos sintamos físicamente a gusto empuñándolos. No tienen que ser tan ligeros y endebles que parezca que no van a soportar la menor presión ni tan pesados que seamos conscientes del esfuerzo que hay que hacer para levantarlos. El contenido de una jarra o tetera tiene que poderse verter fácilmente sin salpicar o gotear. El ángulo del pitorro tiene que acompañar la acción de inclinación de la muñeca. Puede pare-

La comida recién hecha, servida en la mesa al sacarla del horno o de la parrilla, crea una agradable urgencia de experiencia.

La acción de comer debe ser una actividad alegre que permita a la gente distenderse y disfrutar tanto de la compañía como de lo que comen. Por supuesto, prefiero la porcelana blanca lisa a los servicios de mesa con adornos que tienen más colorido que los propios alimentos.

cer que no son más que minucias, detalles, pero de ellos depende la comodidad y la satisfacción.

El contacto con los alimentos produce placer, tanto si los escogemos, preparamos o comemos. John Torode cree que «si se planifica en exceso, todo acaba siendo demasiado artificial» y que es mucho mejor ir al mercado con la mente abierta e inspirarse según los productos que estén más frescos y sean de temporada. Yo estoy completamente de acuerdo con él y pongo en práctica este principio siempre que puedo. Lo importante de este proceso de selección consistente en tocar y mirar para cocinar y comer es mantener una actitud relajada. Cuando tiene invitados a cenar, John coloca enormes fuentes de comida en el centro de la mesa y grandes cucharas para poderse servir. La vajilla consta de platos blancos de una tienda de segunda mano y cuencos japoneses para pasta. Los cuchillos y tenedores tienen el mango de hueso y proceden de un puesto del mercado. «Me parece que ni siquiera pongo mantel», explica. «Se trata de sentarse cómodamente y gozar. Y este placer proviene tanto de la conversación y la compañía como de la comida que nos reúne a todos.»

trabajar

Las tareas domésticas elementales, como lavar los platos o barrer, no tienen por qué ser penosas, sino que, con las herramientas adecuadas, pueden proporcionar un tipo de relajación: la posibilidad de cambiar y distraer la mente.

A primera vista, podría parecer que el trabajo no tiene demasiado que ver con una vida confortable. Si una vida confortable es todo aquello que nos agrada, todo lo demás tiene que ser trabajo. Pero, tanto si adopta la forma de planchar la ropa, llevar la contabilidad o escribir un informe, el trabajo es una parte inevitable de la vida de casi todo el mundo, y lo más lógico es disponerlo todo para que sea lo más agradable posible.

Me gusta trabajar. Me gusta trabajar en casa, especialmente en el jardín un día de verano soleado, sentado en una silla de mimbre algo maltrecha, con un buen puro, una copa de vino, un bloc de papel y un lápiz de mina blanda al alcance de la mano. Sin ruidos, sin interrupciones, con la tenue fragancia de las rosas como única compañía: puede que esto suene a una vida confortable, pero también es la mejor forma de dar rienda suelta al espíritu creativo. Los entornos agradables liberan la mente. ¿Por qué si no se tienen tan buenas ideas dentro del baño?

En teoría, se puede trabajar en cualquier sitio. En la práctica, es mejor que no haya niños alrededor, que el timbre no suene constantemente y que los mensajes no se acumulen en el contestador automático. «Una habitación de uno mismo» era la receta de Virginia Woolf para una vida de trabajo creativo. Su consejo estaba especialmente dirigido a las mujeres. Cuando escribió el ensayo en el que exponía todos estos criterios, una mujer podía ser la señora de su casa, pero a menudo carecía de un espacio auténticamente personal en ella.

Como muchos otros escritores, entre los que cabe mencionar a Roald Dahl y Dylan Thomas, Virginia Woolf era una devota del cobertizo del jardín como lugar de reflexión. La mayoría de nosotros solemos rendir más cuando nos liberamos de las complejidades de las rutinas, los planes y los plazos. El estudio, el taller y el cobertizo son zonas de trabajo que facilitan este nivel fundamental de no intervención. A diferencia de las fábricas, los despachos o las salas de juntas, no son lugares que causen terror o rechazo, sino que parecen tener un encanto irresistible. Oculto en lo más profundo del jardín, lejos del incesante timbre del teléfono o de las interrupciones fortuitas de la vida cotidiana, la esencia del cobertizo es la ausencia de distracciones.

Una habitación de trabajo destinada únicamente a este cometido es más o menos esencial cuando se trabaja en casa de forma permanente, pero no hay ninguna necesidad de importar la estética de las oficinas. Una pared llena de estanterías permite organizar de forma metódica los libros y documentos en un despacho espacioso (superior). Los grabados de pinceles y herramientas colgados en la pared de mi estudio de Londres me predisponen al trabajo (superior centro).

La falta de distracciones no sólo se debe a la situación apartada del lugar sino también a una cierta simplicidad del entorno. El cobertizo en el que trabajaba Dahl, sepultado bajo las mantas cuando hacía frío, con un tablero de dibujo en el regazo y copiosas reservas de chocolate, era más excéntrico y, quizá, más básico que la mayoría, pero la cuestión está en arreglarlo todo como mejor le vaya a cada uno. Philippe Starck es una de las personas que conozco que también se siente más creativo y productivo cuando trata de vivir de la forma más sencilla posible. Resulta más fácil concentrarse en la tarea que se tiene entre manos cuando se eliminan otros elementos de la vida.

Evadirse al jardín o al cobertizo es una forma de trabajar en casa. En aquellos negocios domésticos más organizados puede ser necesaria una versión un poco más profesional de la idea del cobertizo para ofrecer a los clientes un acceso separado y mantenerlos alejados de su vida privada. Una habitación o zona de trabajo exclusiva puede ser especialmente importante si se gana la vida con ello. En una oficina, es bastante fácil engañarse y pensar que el simple hecho de estar allí significa trabajar. Sin nadie que avise de que una pausa se alarga demasiado, que controle las llamadas telefónicas personales o indique que arrancar verduras del huerto puede ser un trabajo pero que no es lo mismo que cumplir un encargo para el martes siguiente, la falta de distracciones puede significar la diferencia entre hundirse o nadar. Una habitación de trabajo o un estudio no mejorarán su autodisciplina, pero mantendrán alejadas las tentaciones periféricas.

Sin embargo, a mucha gente no le queda otro remedio que recurrir a alguna forma de integración de la vida doméstica y de trabajo, debido a la falta de espacio de la mayoría de los hogares. El problema está en cómo conseguir la misma calidad de concentración cuando hay que trabajar en espacios que también tienen otras finalidades. Cuando el espacio de trabajo se reduce a la superficie de un escritorio, hay que ser capaz de establecer algún tipo de barrera psicológica entre uno mismo y el resto de la casa, lo que significa que hay que elegir un lugar en el que las interrupciones sean menos probables y donde no haya que competir con otras actividades por cada centímetro: como un rincón en la sala de estar, un comedor entre comidas o un espacio de trabajo creado a partir de una parte del dormitorio. En un espacio dedicado a actividades diversas puede ser muy útil colocar una separación física, como una mampara, un biombo o una partición no muy ancha, para crear una sensación de reclusión que deje espacio para pensar. Sin embargo, quizás el elemento más importante sea una mesa escritorio o un buró que se pueda extender mientras trabaja y tragarse el trabajo al cerrarlo.

El placer de trabajar en casa reside en que ofrece la posibilidad de crear un ambiente personal, agradable y confortable, en vez de conformarse con el vulgar funcionalismo caracterizado por las plazas de aparcamiento numeradas y la llave de los aseos de los ejecutivos. A medida que el trabajar desde casa se convierte en una tendencia social para dejar de ser un eufemismo de escurrir el bulto, también existe una creciente necesidad de reconciliar el plano profesional con el domésti-

Para poner un estudio en casa puede utilizar una habitación sobrante, una buhardilla, un sótano o un garaje reformado, a poder ser alejado del barullo. La cuestión está en adaptar el espacio para crear las condiciones de trabajo adecuadas para usted. Este estudio (superior), con mesas colocadas para aprovechar la luz natural, deja espacio para el contacto personal, que tanto se evita en la mayoría de oficinas.

Si no dispone de suficiente espacio para montar un estudio o un despacho independiente en casa, tendrá que hacerle sitio en una habitación donde se lleven a cabo otras actividades. En tales casos, es todavía más importante crear unas buenas condiciones para conseguir la separación psicológica necesaria del resto de la casa.

Una mesa escritorio situada frente a una ventana, de modo que esté usted sentado de espaldas al resto de la habitación, es una distribución que puede serle útil a la hora de concentrarse. Es esencial una silla cómoda para apoyar la espalda y que esté a la altura adecuada con respecto a la superficie de trabajo.

co: esparcir los papeles sobre la mesa de la cocina o dejar las plumas en un bote con la etiqueta arrancada puede funcionar temporalmente, pero al final sentirá la necesidad de demostrar que va en serio, aunque sólo sea a sí mismo. El modo en que distribuya y equipe su espacio de trabajo y los accesorios que elija para éste pueden servir de ayuda para llenar el abismo que separa «la casa en la oficina» y «la oficina en casa».

Los trabajos que se desarrollan sobre todo en el escritorio no necesitan mucho espacio a excepción del necesario para guardar documentos, libros y otros materiales. Pero la calidad de la zona de trabajo es importantísima. Son esenciales una iluminación correcta, tanto natural como artificial, una silla cómoda, una superficie de trabajo sólida y una buena infraestructura eléctrica y telefónica.

Mucha gente equipa su estudio o zona de trabajo con muebles de oficina de segunda mano o diseños que comparten la misma estética inexpresiva, lo que puede ser un indicio de que echan de menos su despacho más de lo que son capaces de admitir. A mí me dan mucha lástima, puesto que existen muchas otras alternativas igualmente eficaces, o incluso más, pero que ofrecen un mayor grado de placer. Resulta infinitamente más agradable trabajar sobre una robusta mesa de madera de la altura adecuada que sobre una endeble estación de trabajo prefabricada y, además, proporciona una dimensión material que contribuye a humanizar el trabajo. Al mismo tiempo, muchas piezas de equipamiento funcional poseen una exactitud de diseño inherente igualmente atractiva. Un archivador de acero de buena calidad, que se pueda colocar debajo de la mesa, o una lámpara de estudio son diseños con una grata simplicidad de uso y un aspecto que se adapta perfectamente al entorno doméstico.

Los biombos independientes pueden ser una forma valiosa de dividir un espacio y proporcionar un poco de intimidad para los trabajos que requieren paz y tranquilidad. Un biombo hecho de paneles translúcidos permite el paso de la luz (izquierda).

La iluminación correcta es especialmente importante cuando se trabaja con un ordenador. La luz natural que llega desde detrás de la pantalla evita la reverberación, mientras que se puede regular un flexo para dirigir la luz hacia el teclado.

Cuando se trabaja en casa, normalmente se puede elegir el nivel tecnológico más apropiado y productivo para cada caso. Yo prefiero una pluma con un buen chorro de tinta o un lápiz bien afilado cuando se trata de hacer un esbozo de una idea.

Equipar la propia zona de trabajo a menudo significa poder elegir el nivel tecnológico adecuado a cada caso en lugar de tener que resignarse con lo que otra persona considera eficaz. Si echa de menos el intercambio cotidiano de chismes junto a la fotocopiadora, consuélese con el hecho de que la popularidad de este artilugio como lugar de reunión proviene de su propensión a estropearse, atascarse y provocar colas. Llevar una vida confortable quiere decir reducir las frustraciones innecesarias, lo que, a su vez, significa revisar la propia actitud hacia las máquinas. El ordenador de sobremesa es esencial para muchos trabajos, pero su dominante presencia puede resultar irritante y, además, una intrusión, especialmente cuando las zonas de trabajo han sido incorporadas a espacios más vitales de planta abierta. Los ordenadores portátiles, tan fáciles de transportar como las hojas de papel, las plumas y los libros, pueden ser una solución más adecuada y, además, se pueden guardar para despejar la mesa y la mente para leer y pensar. Sin embargo, sigo opinando que no hay nada más agradable o productivo que emplear una buena pluma y dejar que la tinta fluya al compás de las palabras y las ideas.

El trabajo remunerado de cualquier índole no es la única forma de trabajo doméstico. Alguien tiene que llevar a cabo las tareas domésticas, desde fregar los platos y lavar la ropa hasta pasar el aspirador y sacar el polvo. La gente cada vez se inclina más por utilizar aparatos eléctricos y productos de limpieza químicos potentes o pagar a otra persona para que se ocupe de estos quehaceres. ¿Pero dónde está el límite? Existe una nueva tendencia entre los californianos ricos y faltos de tiempo consistente en contratar a otra persona para que dirija prácticamente todos los aspectos de sus vidas, desde concertar visitas con el dentista hasta escoger una nueva casa y ocuparse de la mudanza, con el comprensible propósito de ahorrar tiempo y esfuerzo, pero el resultado puede ser una aceleración frenética de la vida al tratar de llenar el día cada vez con más actividades. Por otra parte, la manía de delegar responsabilidades puede acabar convirtiéndonos en meros invitados en nuestra propia casa. Curiosamente, muchos altos ejecutivos que padecen un estrés excesivo y tie-

nen que escaparse a granjas remotas en las montañas como «retiro» espiritual a menudo se dan cuenta de que actividades que normalmente considerarían gravosas, como fregar los platos o el suelo, de repente adquieren un significado casi afín al budismo zen. Cuando nos encontramos en un ambiente sencillo y no hay ningún aspirador cerca, la iluminación religiosa adopta la sorprendente forma del redescubrimiento de las propiedades calmantes del trabajo sencillo.

Muy poca gente está dispuesta a renunciar por completo a las comodidades modernas, pero se puede mejorar la calidad de vida procurando que los lugares donde haya que realizar algún trabajo y las herramientas que empleemos para ello sean lo más decentes posible y estén bien diseñadas. Aunque en los últimos años la cocina se ha despojado de su estética triste y descuidada, muchos lavaderos-trasteros siguen sumidos en las tinieblas. Pero no tiene por qué ser así. Un lavadero húmedo y malsano es un lugar deprimente para lavar la ropa, y un cobertizo cubierto de telarañas, que amenaza con desmoronarse y está repleto de aperos de jardinería no invita demasiado a ponerse a trabajar en primavera. El dedicar un poco de tiempo a arreglar estos espacios relegados al olvido le ayudará a realizar los trabajos con mejor estado de ánimo.

Asimismo, los utensilios funcionales y sencillos tanto para interiores como exteriores, desde cestas para la ropa y recogedores hasta rastrillos y palas, hacen disminuir la

El estudio de un pintor, con accesorios y objetos que estimulan la imaginación, pinceles, pinturas y herramientas y espacio para ensuciar, es la esencia del espacio de trabajo creativo. Esta alegre habitación, en la que la luz natural entra a raudales, es el estudio del artista británico Patrick Heron (izquierda).

El cobertizo es el rincón favorito de todos los jardineros. Pero un asombroso número de artistas y escritores también han descubierto en él el refugio creativo ideal. La cabaña donde escribía George Bernard Shaw en su jardín de Ayot St Lawrence estaba construida sobre una plataforma rotatoria que permitía girar el cobertizo para que recibiera la luz del sol.

frustración y transmiten la tranquilidad derivada del placer de su uso. Son fáciles de manejar, realizan su trabajo a la perfección y duran mucho tiempo. En cambio, una tabla de planchar que se desploma con un sonido metálico chirriante cada vez que trata de levantarla, un aspirador que escupe todo el polvo o una escoba que se resiste tercamente a permanecer unida al palo merman cualquier pequeña satisfacción que pudiera derivarse de las tareas cotidianas elementales. Los miembros de la secta Shaker, cuya dedicación al trabajo era una parte integrante de su filosofía religiosa, entendieron el valor de las buenas herramientas: sus utensilios y accesorios, como escobas o tableros para juegos de mesa, muestran una artesanía realizada con amor de la misma calidad que la de sus apreciados muebles. Resulta útil que lo que hay que mantener esté hecho de un material que no requiera una vigilancia constante. Los materiales naturales que envejecen bien también suelen ser limpios y fáciles de cuidar.

Hay muchos trabajos que pueden proporcionar una gran satisfacción: a veces, una vida confortable no consiste tanto en evitar el trabajo sino en disfrutar con lo que se hace. Resulta interesante que muchos de nosotros elijamos participar activamente en cualquier tipo de actividad para relajarnos, en vez de estar tendidos bajo un montón de periódicos dominicales en estado comatoso. La jardinería, la cocina e, incluso, las tareas de limpieza pueden constituir un cambio revigorizante, la oportunidad de utilizar otra parte del cerebro.

detalles

En la introducción hacía alusión a la lista de placeres personales de Vita Sackville-West, su catálogo de «a través de las hojas». En el hogar, los detalles funcionan de forma parecida. Ofrecen el mismo tipo de manejo suave y sin trabas de una cajón bien diseñado o de una cerradura bien engrasada pero también ofrecen instantes de puro placer que no por ser fugaces son menos agradables. Una breve mirada desde una ventana de las escaleras, la fragancia de las flores, el brillo de la luz a través de un objeto de cristal de colores y las motas de luz y sombra en el suelo son detalles que contribuyen a crear una sensación de lugar tanto como otros elementos mayores de la decoración o el diseño. En esencia se componen de sorpresa y una cierta fugacidad. La visión captada por el rabillo del ojo al pasar sigue fascinando durante más tiempo que la panorámica estática de un ventanal. Las flores frescas proporcionan un mayor placer en las una o dos semanas de su corta vida que los arreglos con flores secas, que permanecen ignorados y polvorientos durante todo el año. Los detalles, como expresión de personalidad y gusto, son el alma y el corazón de una vida confortable.

Sin embargo, los detalles también pueden ponernos la zancadilla. Si Dios está en ellos, también lo está el diablo. Antes de que los arquitectos den el visto bueno a los edificios nuevos, tienen que emprender una tarea a menudo tediosa para descubrir posibles fallos recorriendo el lugar y tomando nota de cualquier defecto (grietas, trabajos no del todo satisfactorios, tiradores desaparecidos, canalones sin pintar) de modo que sea posible solventar estas deficiencias antes de la entrega. Este proceso recibe el nombre de «desbastado» y describe perfectamente la clase de agravantes menores que llaman lo bastante nuestra atención como para molestarnos pero, con demasiada frecuencia, no lo suficiente para solventarlos. Un grifo que gotea, un cajón que no cierra bien, una baldosa suelta, un armario demasiado lleno cuyo contenido se desparrama cada vez que se abre la puerta son «detalles» que pueden poner trabas a una vida confortable.

La inercia puede ser una de las razones por las que aguantamos este tipo de contrariedades y posponemos el momento de abordarlas. Otro motivo podría ser un reconocimiento de la terquedad innata de los objetos inanimados o, como muy bien expresa la frase citada por Vita Sackville-West, *la méchanceté des choses*, la maldad de las cosas. La veleidad inherente de una cuerda que se enreda constantemente en el fondo del cajón o de la tapa del plato de mantequilla que siempre se extravía está estrechamente relacionada con la ley de perversidad doméstica que dice que si uno se toma la molestia de arreglar una cosa al día siguiente se estropearán dos más. Con todo, los pequeños defectos de funcionamiento son un efecto secundario inevitable del uso y el desgaste: los tiradores se aflojan, las puertas se hinchan, la pintura se desconcha y el interior de los armarios se desordena. A diferencia de un arquitecto, que puede entregar un piso a un cliente y olvidarse de él, para la gente normal es mejor aceptar que, en la mayoría de las casas, el «desbastado» es un proceso que siempre está en marcha. Hacer el esfuerzo de arreglar esos pequeños detalles de vez en cuando comporta muchos beneficios a la hora de hacer la vida más confortable.

Ni que decir tiene que todo lo que es de mala calidad, quebradizo y endeble desde un primer momento no tiene demasiadas posibilidades de sobrevivir ni siquiera al uso y desgaste normales. A mucha gente le gusta aprender por las malas, y, al parecer, este persuasivo argumento a favor de invertir en calidad desde un principio o, al menos, en lo mejor que uno se pueda permitir, sólo les hace mella cuando ya es demasiado tarde.

Los detalles, como el sello de un buen diseño, se exteriorizan en la calidad de la confección y las prestaciones funcionales, el grado de esmero adicional que se manifiesta poco a poco a lo largo del tiempo. Los goznes resistentes y bien hechos que son capaces de soportar el peso de una puerta sin doblarse, la tranquilizadora firmeza de los tiradores que se adaptan perfectamente a la mano, las junturas bien

trabadas que se resisten al desgaste o el ángulo de un canalón que desagua perfectamente no son accidentales sino el resultado de un proceso de diseño serio. Este tipo de detalles me parecen importantísimos. Siempre que diseñamos algo nuevo para las tiendas o compramos productos a alguien, todos los objetos son sometidos al mismo y profundo examen y análisis. ¿Funcionan como es debido? ¿Qué sensación producen al cogerlos? ¿Se caen con demasiada facilidad si se rozan al pasar? ¿Se ensucian en seguida? ¿Envejecen bien? Como consumidor, también es importante sopesar las alternativas y preguntarse cómo funcionará o qué aspecto tendrá el objeto en cuestión no ahora sino en el futuro.

En un contexto más amplio, detalles son tanto lo que vemos como lo que no vemos. No vemos las cañerías que surcan las paredes o serpentean por el suelo, acumulando el polvo y la suciedad, ni tampoco nos encontramos con cables en medio del camino con los que podríamos tropezar ni hechos una bola junto a los enchufes. Eliminar este tipo de detalles inoportunos requiere tiempo y esfuerzo, pero es esencial para que la infraestructura de la casa esté en regla.

Los detalles interiores que resultan más familiares a la mayoría de personas son arquitectónicos o «de época»: cornisas, molduras, rosetones, zócalos, frisos y arquitrabes, todos ellos elementos históricos. Sin embargo, resulta interesante que muchos de estos detalles, por decorativos que puedan ser, fueran concebidos originalmente con un propósito más bien práctico.

Mucha gente identifica los detalles arquitectónicos con elementos históricos o de época. Pero también pueden significar el grado adicional de esmero puesto en objetos aparentemente secundarios tales como bordes, accesorios e instalaciones fijas, interruptores, pestillos y tiradores. La escultural curva de una escalera, forrada de madera, se debe a un acabado de precisión. La suave curvatura de una barandilla nos proporciona placer cada vez que subimos las escaleras. La chimenea sigue siendo un poderoso centro de atención en un espacio contemporáneo.

Todo el mundo siente debilidad por algo: en mi caso es el cristal. Parte de mi colección está expuesta sobre una mesa en la parte inferior de una escalera en mi apartamento de Londres (izquierda), iluminado por la luz natural que penetra desde arriba. La fragilidad y transparencia de algunas flores es otra de mis pasiones, ya que comparten unas cualidades similares: ser realzadas por la luz.

A un nivel superficial, el zócalo, por ejemplo, puede parecer un toque de acabado confortable que presta definición a la unión entre los dos planos de la pared y el suelo. Desde un punto de vista más prosaico, su existencia es un reconocimiento de lo extremadamente difícil que resulta conseguir un borde recto en el yeso o dejar el margen exacto para la contracción o el movimiento del edificio. En otras palabras, es un encubrimiento. Los minimalistas, los cuales prefieren que las paredes carezcan de adornos, con los bordes afiladísimos, pueden explicarle lo costoso y laborioso que es trabajar sin esta clase de detalles. Del mismo modo, la utilización de cornisas, tanto si se trata de un motivo georgiano con formas ovaladas y saetas como de una tarta nupcial victoriana, disfraza el inevitable agrietamiento que tiene lugar donde se juntan la pared y el techo de yeso.

El detalle arquitectónico más apreciado de todos es, tal vez, la chimenea. Desde luego, en el pasado no se consideraba un detalle sino el lugar central de la casa, donde se cocinaba la comida, se hervía el agua para lavarse y se generaba el calor suficiente para hacer tolerable la rutina de la vida diaria. Desde siempre, la chimenea ha ejercido una gran influencia sobre nuestras emociones por ser un lugar de reunión (el significado literal de «hogar»). Si se tiene calefacción central no hace falta una chimenea (en realidad, habría que bajar la calefacción para disfrutar de una buena lumbre sin morirse de calor), pero arrimarse a un radiador en un día frío no tiene el mismo encanto. La visión de las llamas danzando en la chimenea o detrás de la puerta de cristal de una estufa de leña confiere una sensación de vitalidad, además de ser profundamente reconfortante. El olor a madera quemada es uno de los aromas más sugerentes que conozco, y, por supuesto, el televisor nunca podrá sustituir a la chimenea.

Todo lo que se cuelga en una pared, desde fotografías familiares o los garabatos de un niño hasta las hojas recogidas durante un paseo, adquiere importancia. Una exposición masiva produce un impacto gráfico, pero dejar estos objetos apoyados casualmente sobre una mesa, una estantería o una cajonera puede ser igualmente efectivo. Los cuadros colgados en rincones, en paredes laterales o donde podamos verlos fugazmente al pasar, sorprenden y deleitan durante más tiempo que los que ocupan un lugar prominente.

Como mucha gente ha descubierto demasiado tarde, suprimir estos elementos tan originales es contraproducente y poco atractivo. Las habitaciones antiguas de las que se ha eliminado todo rastro de su pasado a menudo tienen una apariencia desequilibrada e inconexa. Lo que se echa en falta no es tan sólo un rasgo decorativo sino una forma de crear una sensación de escala y proporción. Lo contrario (colocar elementos prefabricados en una simple habitación moderna) tiene como resultado una sensación diferente de malestar. Las cornisas adhesivas y los listones protectores clavados arbitrariamente en mitad de una pared pueden prometer una historia instantánea, pero en realidad no engañan a nadie. Los detalles arquitectónicos tienen que ser una expresión natural del carácter básico de su hogar.

Existe otro tipo de detalles arquitectónicos que tienen que ver con la sutileza. Una barandilla que no está interrumpida por toscos soportes de modo que se puede deslizar suavemente la mano todo el rato desde abajo hasta arriba es tan agradable al tacto como a la vista. El pulcro acabado en el que convergen dos tipos de suelos diferentes, evitando que los materiales se levanten o se astillen, es tan práctico como grato a los ojos. La atención adicional prestada a ciertos detalles, como los enchufes y los interruptores o los pomos y tiradores de las puertas, lo impregna todo de una sensación de previsión y cuidado.

Al mismo tiempo, los detalles son un auténtico placer. Son ingeniosos, sorprendentes y una forma de expresión personal: dan rienda suelta a la imaginación. Las cosas que existen simplemente por sí mismas, como una fuente con limones, un ramo de flores perfumadas, fotografías de familiares y amigos y cuadros, aportan puro placer en pequeñas dosis, y sin ellas la vida sería mucho más pobre.

Algunos de los objetos más sugerentes son los que están hechos a mano. El cristal soplado artesanalmente, por ejemplo, carece de la uniformidad mecánica de un producto industrial, pero conserva un indicio de la fluidez orgánica del polvo de cristal. Asimismo, la cerámica torneada a mano expresa la plasticidad del barro, la sensación de que se puede moldear el material al antojo de uno mismo. Estos objetos nos hacen entrar en contacto directo con el proceso de elaboración a través de sus leves irregularidades de aspecto y textura. Prácticamente, permiten ver la coreografía intuitiva del soplador de cristal o sentir la fuerza centrífuga del torno sobre las manos del alfarero. Puesto que hay tantas cosas en este mundo que proceden de las líneas de producción, necesitamos que algo nos recuerde la creatividad humana que nos rodea.

Los detalles que funcionan marcan la diferencia entre el plácido transcurso de la vida y una frustración constante. Puede que se deba a la previsión del diseño, como el borde elevado de una bandeja que facilita su transporte, el acoplamiento exacto de las juntas de madera o el suave deslizamiento de los cajones bien hechos.

Cualquier cosa que vaya a ser expuesta debe expresar un sentimiento de conexión similar. Suzie Slesin, que ha viajado mucho, ha aprendido a identificar los elementos que tienen «un estilo fuerte, un punto de vista», objetos impregnados con un sentido de lugar y autenticidad. No es una característica que se pueda simular o imponer, sino que es personal y surge de forma natural cuando se tiene el valor de las propias convicciones, cuando se escoge lo que a uno le gusta realmente y «se lleva los propios sentimientos hasta el final».

Las obras de arte, desde el dibujo de un niño hasta una escultura o una pintura, poseen la misma capacidad para transmitir significado y sentimiento. Así, muchos adornos son meras expresiones aburridas de lo que la gente piensa que debe estar expuesto: por el placer visual que generan, las tímidas hileras de grabados con motivos botánicos pulcramente enmarcados y fabricados en serie bien podrían pender de las paredes del pasillo de un hotel de provincias, por ejemplo. Si la adquisición de una obra de arte le inspira temor y piensa que sólo está al alcance de los ricos o de los directores de museo entendidos, sepa que muchas piezas originales no sólo son económicamente asequibles para una persona con unos ingresos medios, sino que se pueden obtener fácilmente en galerías locales, escuelas de arte y exposiciones. El

Los detalles actúan tanto a nivel estético como práctico. Lo que refresca y levanta el ánimo son las flores y los adornos decorativos, pero también los grifos que no gotean o los suelos de madera y los goznes que no crujen ni chirrían.

potencial inversor no tiene nada que ver con esta cuestión. Siempre hay facturas de gas o de luz que pagar, intereses hipotecarios que suben y otros motivos que hacen que la adquisición de una obra de arte no sea precisamente prudente u oportuna. Se requiere un cierto grado de fe para comprar o exponer lo que a uno realmente le gusta, pero el resultado proporciona placer día a día e imbuye la casa de la propia personalidad.

Los detalles pueden ser tan efímeros como un ramo de rosas, una postal apoyada en la repisa de la chimenea, una fotografía de uno de nuestros lugares favoritos o cualquier cosa que nos traiga recuerdos. La fugacidad es la esencia de estos detalles, vienen y van. Las flores son las favoritas de Joseph: proporcionan un toque de color en contraste con el fondo neutro de su casa. Naturalmente, la gracia está en que estos toques varían constantemente, y lo que mantiene vivos a los interiores es este elemento de sorpresa.

Agrupadas en un recipiente sencillo sobre el escritorio, la mesa del comedor o la mesilla de noche, las flores son únicas para levantar el ánimo. No se me ocurre nada mejor para crear un ambiente de optimismo que un jarrón con rosas blancas: una forma hermosa, una simplicidad espléndida y un perfume que se reconoce al instante.

Los detalles más importantes de todos son los que hacen suya su casa y de nadie más. Son esas cosas que le recuerdan dónde ha estado, qué ha hecho, a quién ha conocido y amado. Son esas cosas que usted rescataría, si su casa se incendiara, estuviera al día del pago del seguro y su familia estuviera a salvo. El minucioso enfoque de los detalles identifica lo que hace que, realmente, merezca la pena vivir.

Los adornos menos sugerentes se componen de aquellos objetos que uno espera ver o que permanecen en el mismo rincón año tras año. En cambio, los objetos con un significado especial, que encierran recuerdos de un lugar, una época o una persona entrañables, nunca carecen de vitalidad: realmente tienen algo que decir. Se pueden agrupar los objetos por tipo, color o textura, pero de hecho no existe ninguna regla rígida para los adornos, a no ser el rodearse de cosas que le hagan sentir bien.

índice

Los números en *cursiva* hacen referencia a las ilustraciones.

agradecimientos

El editor quiere dar las gracias a los siguientes fotógrafos y organizaciones por permitir amablemente la reproducción de las fotografías de este libro:

2-3 Verne Fotografie; 5 superior izquierda Stuart McIntyre/Lene Utzon (Arquitecto: Alex Popov); 5 superior centro Verne Fotografie; 8-9 izquierda Robert Mort; 9 superior izquierda Ingalill Snitt; 9 inferior derecha Mirjam Bleeker/Frank Visser & Taverne Agency; 10 ambas fotografías Mirjam Bleeker/Frank Visser & Taverne Agency; 11 izquierda William Meppem/Vogue Entertaining; 12 izquierda Ingalill Snitt; 12 derecha Mirjam Bleeker/Frank Visser & Taverne Agency; 12-13 Neo Vision/Photonica; 13 superior derecha Mirjam Bleeker/Frank Visser & Taverne Agency ; 13 inferior Andrew Wood/The Interior Archive (cortesía de Douglas Johnson); 14 superior izquierda Herbert Ypma/The Interior Archive (Arquitecto: Yturbe); 14 inferior David Loftus/Vogue Entertaining; 15-16 Carlos Navajas; 18 Verne Fotografie (D. Jasiack); 20 Stuart McIntyre/Lene Utzon (Arquitecto: Alex Popov); 21 Stuart McIntyre/Lene Utzon (Arquitecto: Alex Popov); 22 Marie Pierre-Morel/Marie Claire Maison; 23 Belle Magazine; 26 Edina van der Wyck/The Interior Archive (Arquitecto: Sophie Hicks); 27 izquierda Luke White/Axiom Photographic Agency (Le Corbusier © FLC/ADAGP, París y DACS, Londres 1999); 27 superior derecha Britstock-IFA/West Stock/Peterson; 27 inferior derecha David Gamble; 29 izquierda Jan Verlinde; 29 superior derecha Belle Magazine; 30 izquierda Tim Rainger (Arquitecto: Andrew Patterson, Nueva Zelanda); 30 derecha Mark Luscombe-Whyte (Le Corbusier, casa Sarabhai, India © FLC/ADAGP, París y DACS, Londres 1999); 31 Mark Luscombe-Whyte (Le Corbusier, casa Sarabhai, India © FLC/ADAGP, París y DACS, Londres 1999); 32 superior izquierda Mark Luscombe-Whyte; 32 superior centro Verne Fotografie (Sestig); 32 inferior Jan Verlinde; 33 inferior Belle Magazine; 36 superior Verne Fotografie; 37 Jorn Stjerneklar/Impact; 39 John Gollings; 41 inferior Yuri Dojc/The Image Bank; 42 izquierda Ingalill Snitt; 42 derecha Eigenhuis y Interieur/Hotze Eisma; 44 superior izquierda D. Vorillon/Inside (Arquitecto: Biben-Bosley); 44 inferior izquierda Deidi von Schaewen (Asilah Dubois); 44 inferior derecha Deidi von Schaewen (Asilah Dubois); 44-45 fotografía principal Dennis Gilbert/View (Arquitecto: Peter Romaniuk); 45 inferior Verne Fotografie; 48-49 superior Ken/Photonica; 50 superior izquierda Francesco Venturi; 50 centro David Loftus/Vogue Entertaining; 51 G.I. Bernard/Natural History Photographic Agency; 52 izquierda David Loftus/Vogue Entertaining; 52-53 fotografía principal Michael Mack; 53 derecha David Loftus/Vogue Entertaining; 54 superior Peter Margonelli; 54 inferior William Meppem/Vogue Entertaining; 58 superior Mark Luscombe-Whyte; 59 Paul Ryan/International Interiors (Arquitecto: David Ling); 60 superior Craig Fraser/Estilista: Shelley Street (Arquitectos: Richard Tremeer y Jon Jacobson); 60 inferior Sainsbury's The Magazine/Peter Knab; 61 izquierda W. Thompson/Photonica; 62 izquierda Verne Fotografie (Terence Conran); 62 derecha Nicolas Tosi/Estilista: Marion Bayle/Marie Claire Maison; 63 Verne Fotografie (Hans Verstuuyft); 64 Mark Luscombe-Whyte (Le Corbusier, casa Sarabhai, India © FLC/ADAGP, París y DACS, Londres 1999); 65 superior Ingalill Snitt; 65 inferior derecha David George; 66-67 Geoff

Howard/Camera Press; 70 Gentl & Hyers/Photonica; 71 Conran Collection/fotografía de Earl Carter; 74 George Seper/Vogue Entertaining; 76 Earl Carter/Belle/Arcaid; 77 superior R.C. Stradtmann/Schöner Wohnen/Camera Press; 77 inferior Eric Morin; 78 Verne Fotografie (Koningshank); 79 Simon Kenny/Vogue Living; 80 superior izquierda Mirjam Bleeker/Frank Visser & Taverne Agency; 80 inferior I. Vanderharst/Robert Harding Picture Library; 80-81 Mads Mogensen; 81 inferior Minh + Wass; 82 Richard Bryant/Arcaid (Gwathmey Siegel Arquitectos); 83 superior Stuart McIntyre/Lene Utzon (Arquitecto: Alex Popov); 86 izquierda Alan Evrard/Impact; 88 Marie Pierre-Morel/Estilista: Catherine Ardouin/Marie Claire Maison; 89 izquierda Annabel Elston/World of Interiors; 89 derecha Hannah Lewis/Homes & Gardens/Robert Harding Syndication; 90 superior derecha Conran Collection/fotografía de Earl Carter; 91 Minh + Wass; 93 superior derecha Verne Fotografie (Pentogram, NY); 93 inferior Verity Welstead; 97 Eigenhuis e Interieur/Hotze Eisma; 98-99 Verne Fotografie (Barbara Bin); 100 superior derecha Marie Pierre-Morel/Marie Claire Maison; 100-101 Mark Darley/Esto; 101 Alexander van Berge; 102 derecha Roland Beauffre/Agence Top; 102 superior Stuart McIntyre/Lene Utzon (Arquitecto: Alex Popov); 102 inferior izquierda Conran Collection/fotografía de Earl Carter; 103 Earl Carter/Belle/Arcaid; 104-105 Nicolas Tosi/Estilista: Catherine Ardouin/Marie Claire Maison; 105 Gilles de Chabaneix/Estilista: Catherine Ardouin/Marie Claire Maison; 106 Sakio Komiya/© Kateigaho; 107 izquierda Verne Fotografie; 110 izquierda Scott Faulkner; 110 inferior Hotze Eisma; 112 izquierda Maison Madame Figaro/N.Tosi; 112 derecha Andrew Wood/The Interior Archive (Bali); 113 superior izquierda Verne Fotografie; 113 inferior Stuart McIntyre/Lene Utzon (Arquitecto: Alex Popov); 114-115 Deidi von Schaewen (Le Corbusier, casa Sarabhai, India © FLC/ADAGP, París y DACS, Londres 1999); 117 superior Conran Collection/fotografía de Earl Carter; 117 inferior Diana Miller/Conran Octopus; 118 Jan Verlinde; 119 izquierda Christian Sarramon; 120-121 Geoff Howard/Camera Press; 124 Maura McEvoy; 125 Petrina Tinsley/Vogue Entertaining; 128 Belle Magazine; 129 Hotze Eisma; 130-131 Verity Welstead; 132 superior izquierda Verity Welstead; 132 superior derecha W. Waldron/Inside (Maison Alison Spear, NY); 132 inferior J. Hay/Vogue Living; 133 Jan Verlinde; 134 izquierda Paul Ryan/International Interiors (Eugenie Voorhees); 135 izquierda Tim Beddow/World of Interiors; 135 derecha Penelope Chauvelot/Estilista: Michèle Bocquillon/Marie France; 137 superior Verne Fotografie (Vincent van Duysen, Bélgica); 140 superior Conran Restaurants; 140 inferior Mads Mogensen; 141 James Mortimer/©Johnny Grey; 142 izquierda Conran Restaurants; 142 todas las fotografías Yves Duronsoy; 144 izquierda Georgie Cole/Vogue Entertaining; 144 derecha Verne Fotografie; 145 superior izquierda William Meppem/Vogue Entertaining ; 145 superior derecha Earl Carter/Vogue Entertaining; 145 inferior Jan Baldwin; 146 izquierda Octopus Publishing Group Ltd/Sandra Lane; 148-149 Andrew Wood/The Interior Archive (David Edgeall); 149 derecha Huntley Hedworth (Diseño: © Jane Taylor y Andrew Par); 150 izquierda Pia Tryde/Conran Restaurants; 150 derecha Alexandre Baillache/Estilista: Catherine Ardouin/Marie Claire Maison; 151 Stuart

McIntyre/Lene Utzon (Arquitecto: Alex Popov); 154 Habitat UK; 155 Nicolas Bruant/Homes & Gardens/Robert Harding Syndication; 156 izquierda Maura McEvoy; 156 derecha Geoff Lung/Vogue Entertaining; 158 izquierda Deidi von Schaewen (Dorget, Marruecos); 158-159 Maura McEvoy; 159 superior Maura McEvoy; 159 inferior derecha Zimmermann's/Estilista: Gerd Sommerlade/Elle Decoration, Alemania; 161 inferior izquierda Food Illustrated/Diana Miller; 161 inferior derecha Geoff Lung/Vogue Entertaining; 162 inferior Conran Collection/fotografía de Earl Carter; 166 izquierda Jan Verlinde; 166 derecha Andrew Wood/The Interior Archive; 168 izquierda Jan Verlinde; 168-169 Verne Fotografie; 169 derecha Earl Carter/Vogue Entertaining; 170 izquierda Edina van der Wyck/The Interior Archive; 170 derecha Paul Ryan/International Interiors (Diseño: Christian Liaigre); 171 izquierda Marie Pierre-Morel/Estilista: Daniel Rozensztroch/Marie Claire Maison; 172-173 Andrew Wood/The Interior Archive (Jerôme Abel Seguin); 174 izquierda C. Simon Sykes/The Interior Archive; 174-175 derecha C. Simon Sykes/The Interior Archive (© Patrick Heron. Todos los derechos reservados, DACS 1998); 175 derecha Howard Rice; 178 izquierda Richard Bryant/Arcaid (Arquitectos: Tsao & McKown); 178 derecha Paul Ryan/International Interiors (Arquitectos: Hariri & Hariri); 180 Sakio Komiya/© Kateigaho; 181 izquierda Conran Collection/fotografía de Earl Carter; 181 derecha Nicolas Tosi/Estilista: Marion Bayle/Marie Claire Maison; 182 centro Marie Pierre Morel/Estilista: Daniel Rozenzstroch/Marie Claire Maison; 182-183 Peter Margonelli; 184 centro Mark Luscombe-Whyte; 186 Paul Ryan/International Interiors (Ivan Chermayeff); 187 izquierda Luc Wauman; 187 derecha Verne Fotografie; 188 Marie Pierre Morel/Estilista: Catherine Ardouin/Marie Claire Maison; 189 Jerôme Darblay

Todas las demás fotografías han sido realizadas especialmente para este libro: © James Mitchell

En las siguientes fotografías aparecen productos de la colección Conran:

5 superior derecha; 5 inferior; 28; 29 inferior derecha; 32-33; 33 superior derecha; 36 centro; 36 derecha; 38 inferior izquierda; 40; 41 superior; 43; 50 inferior izquierda; 50-51; 51 derecha; 55 izquierda; 55 derecha; 58 inferior; 61 derecha; 65 izquierda; 71; 75; 83 inferior; 89 derecha; 90 superior derecha; 92 izquierda; 100; 102 izquierda; 102 inferior izquierda; 107 derecha; 110; 112; 113 izquierda; 113 derecha; 117 superior; 123; 136 superior derecha; 137 inferior; 148 izquierda; 157; 161 superior; 162 derecha; 162 inferior; 176; 179; 181 izquierda; 182 superior izquierda; 184 izquierda; 185 derecha

Se han hecho todos los esfuerzos posibles para encontrar a los titulares de los derechos de reproducción. Pedimos disculpas por las posibles omisiones involuntarias, y estaremos encantados de incluir los agradecimientos pertinentes en futuras ediciones.